德润人心 法安天下

——职业道德与法治情境教学课例集（中职）

俞　莉　冯志军◎编著

上海浦江教育出版社

图书在版编目（CIP）数据

德润人心　法安天下：职业道德与法治情境教学课例集：中职 / 俞莉, 冯志军编著. -- 上海：上海浦江教育出版社有限公司, 2024. 9. -- ISBN 978-7-81121-905-0

Ⅰ. G633.202

中国国家版本馆CIP数据核字第2024V1M083号

上海浦江教育出版社出版发行

社址：上海海港大道 1550 号上海海事大学校内　邮政编码：201306
电话：(021) 38284910 (12)（发行） 38284923（总编室） 38284910（传真）
E-mail:cbs@shmtu.edu.cn　URL:http://www.pujiangpress.com
上海商务联西印刷有限公司印装
幅面尺寸：170 mm × 240 mm　印张：8.5　字数：136 千字
2024 年 9 月第 1 版　2024 年 9 月第 1 次印刷
责任编辑：王　艳　封面设计：郭欣中
定价：59.00 元

编 写 组

主 编

俞 莉 冯志军

副主编

周 伟 胡瑞平

编 委

（按姓氏笔画排序）

李 洁 李树娜 宗玉琴 黄秀群 龚 雪

专家咨询委员会

（按姓氏笔画排序）

王有道 关月梅 杨海慧 张 伟

胡秀锦 袁晖江 郭顺清

前　言

思想政治理论课是落实立德树人根本任务的关键课程，其在育人中的重要性不言自明。进入新时代以来，职业教育的类型特征更加鲜明，中等职业教育在现代职教体系中的基础性地位愈发彰显，中职思想政治课已肩负起为中职学生培根铸魂的时代重任，为党育人，为国育才。广大中职思政课教师立足课堂教学，勇于实践，不断探索教学的具体路径，本书就是中职思政课教师不断探索的生动缩影，蕴含着一线教师对思政课程改革的思考与实践。

本书是一本实践总结性的课例集。《职业道德与法律》（现更名为《职业道德与法治》）是随2008年颁布的《中等职业学校德育课课程教学大纲》应运而生的，到目前为止已经十几年了。随着课程改革的推进，一线教师在教学过程中积累了一定的经验，编写组欲编写该课例集，对《职业道德与法律》的教学实践做简要总结。本书又是一本具有前瞻探索性的课例集。进入新时代以来，我国产业发展出现新格局，中等职业教育的吸引力和适应性亟须增强。课堂教学是提升中等职业教育吸引力和适应性的“最后一公里”。《中等职业学校公共基础课程方案》和《中等职业学校思想政治课程标准（2020 年版）》先后颁布，为中职思想政治课教学改革指明了方向，对教学实践提出了更高的要求，亟须在已有教学经验的基础上不断探索新课标下中职思政教学的具体路径，为同行提供有益的借鉴。

编写组首先对相关文件进行了系统学习，通过广泛调研梳理出在教学实践中积累的主要经验和存在的主要问题；在此基础上，经过数次研讨，明确编写思路和框架设计；然后对已有教学课例进行修改、打磨，经专家指导论证后汇编成册，形成本书，以期为广大中职思政课教师送上一把“钥匙”。

2022年4月25日，习近平总书记在中国人民大学考察时强调："思政课的本质是讲道理，要注重方式方法，把道理讲深、讲透、讲活，老师要用心教，学生要用心悟，达到沟通心灵、启智润心、激扬斗志。"本书所选典型课例均重点聚焦中职学生在日常生活、学习过程中产生的思想困惑，并结合学生知识水平、年龄特征、所学专业特点等，通过创设生动直观而又富有启迪性的问题情境，激发学生的学习兴趣，通过议题式的活动设计，为学生创设自主探讨、感悟内化、实践体验的机会，引导学生水到渠成地得出结论，在不断启发中澄清价值判断，做出正确的行为选择，最终引导学生提升职业道德素质和法治素养，养成爱岗敬业、依法办事的思维方式和行为习惯。

参与本书编写的均是一线教师，由于理论水平有限，很多地方还很不成熟，需要进一步探索完善，不当之处还请各位专家、同行批评指正。

本书编写组

2024年6月

目 录
Contents

议题1

如何看待“合理但不合法”的现象？

学生的困惑

1. 如何看待生活中法律与道德的两难困境？
2. 如何理解依法治国和以德治国相结合的意义？
3. 如何做一名尚德守法的新时代中职生？

教师的思考

【内容分析】

如何看待“合理但不合法”的现象是学生学习“法律与道德的关系”时经常提出的问题。“合理不合法”是指合乎公众对事件积极道德评价结果，却不合乎法律规定的行为。这一问题有较强的理论性和实践性，对于中职学生来说理解起来并非易事。教师能否引导学生正确看待“合理但不合法”的现象，影响着学生能否全面理解法律与道德的关系，能否正确理解坚持依法治国与以德治国相结合的意义，能否在日常生活中做出正确的价值判断和行为选择。

【学情分析】

中职学生年龄小，生活和学习经历有限，法律意识较为淡薄，想问题、做事情易从自己的角度出发，有时甚至意气用事，在处理看似合情合理的事情时，往往缺乏理性与理智的思考，导致校园里时有违规违纪行为，甚至违法事件的发生。

【目标分析】

通过本课教学，引导学生掌握法律与道德的区别与联系；理解我国坚持依法治国和以德治国相结合的意义；碰到“合理但不合法”的现象时，能以法律思维作为基准性思维去正确看待，培养法律思维和习惯。本课的难点在于正确理解法律与道德的关系，特别是法律与道德产生冲突的根源；重点在于养成将法律思维作为基准性思维看待“合理但不合法”现象的习惯。

【教学设计】

在教学中遵循学生认知规律和心理活动规律，把学科特点和学生的年龄、心理特征结合起来，选用学生熟悉的影片《我不是药神》作为教学素材，合理创设教学情境，围绕议题设计活动，引导学生在活动体验、合作探讨中学习，为学生答疑解惑，强化法治意识的培育和核心价值的引领，引导学生真正认识到“法安天下，德润人心”的重要意义。教学设计思路见表1。

表1　教学设计思路

环节	子议题	情境线	任务线	设计意图
创设情境	1. 人情与法律孰轻孰重?	《我不是药神》推荐片 ● 透析影片反映的人情与法律	● 观看影片推荐片 ● 描述观看感受和体验	创设教学情境，引导情感体验。

（续表）

环节	子议题	情境线	任务线	设计意图
引思明理	2. 如何看待法律与道德的两难困境？	影片片段一：“老人向警察求情”片段 ● 该片段反映了什么问题？ ● 生活中还有哪些“合理但不合法”的事情？ ● 法律与道德为何会产生冲突？	● 观看影片片段 ● 合作探究 ● 分享交流	分析道德与法律之间存在冲突的表现及冲突产生的原因。引导学生正确看待“合理但不合法”的行为。
	3. 如何理解法律与道德的区别与联系？	影片片段二：“程勇被抓，病友送行”片段 ● 程勇被抓说明了什么？ ● 如何理解法律与道德的区别与联系？	● 观看影片片段 ● 合作探究 ● 分享交流	引导学生理解“法大于情”，法治思维是基准性思维。
	4. 如何理解依法治国与以德治国相结合的意义？	影片反映的真实事件及结果 ● 陆勇获释、国家修订法律说明了什么？ ● 我国为什么要坚持依法治国与以德治国相结合？	● 阅读真实事件材料 ● 合作探究 ● 分享交流	引导学生理解法治和德治在国家治理中相互补充、相互促进、相得益彰的关系。
感悟导行	5. 如何做一个尚德守法的新时代中职生？	● 遇到“合理但不合法”的事情怎么看、怎么办？ ● 如何立足当下，做一个尚德守法的中职生？	● 头脑风暴 ● 决策实践 ● 分享交流	在引思明理的基础上，促进知信行的统一，做一名尚德守法的新时代中职生。

教学过程

【创设情境】

教师活动 播放《我不是药神》推荐片，并设置疑问。

影片《我不是药神》讲述了主人公程勇从一个交不起房租的商贩，因一次偶然的机会开辟了去印度买药做代购的新事业，一跃成为印度仿制药“格列宁”的独家代理，让他摆脱了贫穷，同时造福了病友，从自私走向无私，为病人的生存权而抗争，但也触犯了法律，引起警方调查，最终投案自首的故事。影片主人公从旁观者到入情者，药物从“盗版”与“正版”的分界直到最后“正版”有了更好的土壤，人性、道德、法律等词汇在影片中彰显得淋漓尽致。

（1）结合课前《我不是药神》观影和推荐片的介绍，谈谈自己的观影感受？

（2）你认为影片反映出来的人情与法律孰轻孰重？

学生活动 观看影片推荐片并交流感想。

学生1：观看完影片，我最大的感受就是生命和健康是最大的财富。影片中病人，无论是身为主角的几人，还是电影中其他的慢粒白血病的病人们，他们对于健康和生命的渴望是那么的强烈，都在为自己能活下去尽着自己最大的努力。对他们来讲，人情可能大于法律。

学生2：影片的主人公通过走私相同药效的抗癌药挣钱，患者也能通过这些低价的药治疗疾病，看似合理，但这些行为却触犯了法律，应当受到法律的制裁。从生命和健康的角度来说，我认为他们的行为在道德上是可以得到谅解的，我感觉人情和法律都应该兼顾。

……

教师活动 对学生的交流进行梳理小结。

同学们的观点都有一定的道理，大部分同学都能从法律和道德的双重视角来剖析。在影片中法律与道德的冲突与碰撞表现得淋漓尽致。在我们的日常生活中也存在着许多“合理但不合法”的现象。因为任何一件事情都不仅仅是法律问题，可能还涉及政治、道德、经济等方面的问题。合理是指合乎公众对事件积极道德评价结果的行为；合法是指合乎法律和法规的规定的行为。我们要学会辩证地看待“合理但不合法”的现象。

设计意图：通过播放《我不是药神》推荐片创设情境化的教学环境，增强学生的情感体验，导入本课学习，同时为“引思明理”部分的教学做好铺垫。

【引思明理】

教师活动 播放《我不是药神》中“老人向警察求情”片段，并设置疑问。

人物对话如下：

警察：我们警察办案时讲证据，从你们每一个人身上，都搜出那种假药，你们配合还是不配合，案子都一样办。包庇犯罪也是犯罪，我只提醒你们一件事情，你们这么做，不是在帮他，而是在害他。

老人：领导，求你个事啊，我，我就是想求求你，别再追查印度药了，行吗？我病了三年，四万块钱一瓶的正版药，我吃了三年，房子吃没了，家人被我吃垮了。现在好不容易有了便宜药，你们非说它是假药，那药假不假，我们能不知道吗？那药才卖五百块钱一瓶，药贩子根本没有赚钱，谁家能不遇上个病人，你就能保证你这辈子不生病吗？啊？你们把他抓走了，我们都得等死。我不想死，我想活着，行吗？

（1）该片段集中描述了什么情景？

（2）生活中还有哪些“合理但不合法”的事情？

学生活动 观看影片推荐短片，围绕问题合作探究，并交流感想。

学生1：这个片段集中反映了法律与道德、情感的较量，如果按照法律办事，警察抓走主人公，病人们就会丢掉活路；想要治病救人，警察就得睁一只眼，闭一只眼，违背职业操守。从警察的神情、动作上来看，他好像被老人的话语打动了。

学生2：同一件事情，从不同的角度来看会有不同的结论。对警察来讲法大于情，必须严格执法；对病人来说能够活着才是最重要的；对主人公来讲，他是法律意义上的违法犯罪者，但也是道德上的好人，在法律和道德之间挣扎，我想最痛苦的可能是主人公。

学生3：生活中还有其他“合理但不合法”的事件，比如紧急情况下为了救人，非法采血的事情；在农村生病了，没有去医院，而是请了村医看病，他没有行医证，病虽然看好了，却是不合法的；等等。

学生4：我也听说过类似的事情，一个人会开车，但是没有驾驶证，路上看到一个司机在驾驶时生病了要赶紧上医院，这人就开车把司机送到医院，司机得救，而这人无证驾驶，涉嫌违法。

……

教师活动 小结并追问——法律与道德为何会产生冲突呢？

同学们对该片段集中反映的问题把握比较准确，也列举出了生活中类似的“合理不合法”的现象，这背后反映的是法律与道德之间会产生一定的冲突。那么二者为何会产生冲突呢？

学生活动 围绕问题合作探究，并交流观点。

学生1：我国传统文化的一个重要的特点就是“重人情，轻法治”。古人的这种思想对我们现在的生活方式影响很大，因为我们现在是法治社会啊，太顾虑人情的话，会导致二者的冲突。

学生2：因为法律条款是约束最普遍的行为，而不包含非正常情况下的特定行为，而这种特殊情况下产生的行为又是多种多样的，其实是普遍与个别之间的冲突。

学生3：从道德层面讲，每个人站在不同的角度，都可以说一些现象是合理的，也就是说对合理的判断的标准是不统一的，但是合法判断往往是有统一的衡量标准，所以二者会产生冲突。

……

教师活动 对学生的交流进行梳理小结。

同学们讲的都有一定的道理，老师归纳一下。法律是对公众普遍认同的价值诉求的反映，其出发点、最终归宿及最高价值是指向国家的，并且以国家强制力为后盾，具有高度的同质性和权威性。而道德的出发点、最终归宿及最高价值是指向社会的，不同社会个体具有不同的道德层次和价值理念，从而往往表现出一定的个体性和差异性。当从不同的道德层次和价值诉求分析同一法律行为时，必然产生分歧和矛盾。比如关于“安乐死”问题，在道德上可以仁者见仁，智者见智，赞成者有之，反对者有之，中立者亦有之。在法律上却不能亦此亦彼，法律必须有明确的界定，要么赞成，要么反对。由此，必然产生一元与多元的冲突。这是道德与法律产生冲突的根源。

那么，我们应当如何正确理解法律与道德的关系呢？我们继续观看影片片段。

教师活动 播放“程勇被抓、病友送行和法庭宣判”剪辑片段，并设置疑问。

配合旁白大致如下：

> 本庭宣判：被告人程勇犯走私罪、销售假药罪，犯罪证据充足，犯罪事实成立。同时，对程勇帮助病人购买违禁药物的行为给予一定程度的理解。综上，判处被告人程勇有期徒刑五年。

（1）程勇被抓、判刑说明了什么？

（2）如何正确理解法律与道德的关系？

学生活动 围绕问题合作探究，并交流观点。

学生1：说明了法不容情，只要触犯了法律就要受到法律的制裁。正如程勇自己所说：“我犯了法，该怎么判，我都没话讲。”

学生2：当道德与法律产生冲突时，法大于情。但在宣判过程中，也考虑到了程勇购买违禁药物的动机是为了救人而酌情判定刑期，也体现出了法律的温度和司法为民的理念。

……

教师活动 对学生的交流进行梳理小结。

一般说来，道德通过社会舆论、传统习俗和人们的内心信念来维系，是对人们的行为进行善恶评价的心理意识、原则规范和行为活动的总和；法律是统治阶级意志的体现，是由国家制定或认可，并由国家强制力保证实施的行为规范的总称。

总体上来说，法律与道德是相互统一的，二者同属上层建筑，有着统一的经济基础，在内容上相互渗透，在功能上相辅相成，在实施中相互支撑。但是，在现实活动中，又常常存在冲突的情形。当二者冲突时，法律思维应当优先，法大于情，法不容情，一切以法律为准绳，在此基础上追求法、理、情之间的相互协调。

教师活动 展示材料，设置疑问。

➲ 材料1

程勇在法庭审判时的发言：我相信今后会越来越好的，希望这一天早点到来。

➲ 材料2

陆勇作为《我不是药神》的原型人物，因为救人而代购印度仿制药，从而被警方调查，但因为病友们的努力求情，检察院在综合考虑下，认定陆勇的行为不构成犯罪，决定不起诉。而后，国家将这种药纳入国家医保范围内，体现了法律法规下的人情。

（1）阅读材料2，说说材料1中程勇的愿望实现了吗？

（2）我国为什么要坚持依法治国与以德治国相结合？

学生活动 阅读材料，合作探究并分享观点。

学生1：程勇的愿望实现了。虽然说法大于情，但人情与道德在法律面前也不是无能为力的，正是由于道德力量的推动，影片的原型人物陆勇才得以从宽处理。

学生2：法律和道德在博弈、趋同的过程中，往往推动着社会的进步，国家先是将这种药纳入国家医保范围，接着又接连修订法律法规，这是二者共同推动社会进步的表现。

学生3：法律和道德都是维护社会秩序的重要手段，不可偏废，二者对国家治理来讲都很重要。

……

教师活动 对学生的交流进行梳理小结。

同学们说的都很有道理。程勇的愿望实现了，在道德的推动下一步步变为现实。法律是理性的，道德是感性的，理性是要维持秩序，保障效率；感性是要兼顾公平，体现人性光辉。我国坚持依法治国与以德治国相结合，强调法治和德治两手抓、两手都要硬。一要强化道德对法治的支撑作用，重视发挥道德的教化作用，提高全社会文明程度，为全面依法治国创造良好的人文环境。二要发挥法治对道德的保障作用。把道德要求贯彻到法治建设中，以法治承载道德理念，让道德有可靠的制度保障，坚持依法治国和以德治国相结合，共同推进国家治理体系和治理能力现代化。

设计意图： 运用《我不是药神》中的影视片段和背后的真实故事创设教学情境，设置三个环环相扣的议题，引导学生在合作探究、观点碰撞中正确看待“合理但不合法”的现象，正确理解道德与法律的区别与联系，以及我国坚持依法治国与以德治国相结合的重要意义，层层助推学生思想认知的升华，从而为学生做出正确的价值判断和行为选择奠定基础。

【感悟导行】

教师活动 引导过渡。

在依法治国的今天，法律思维并不排斥道德思维，但是我们要把法律思维当作基准性思维，即以合法性思考为前提，在合法的范围内，去追求最佳的效果。

教师活动 设置疑问——如何立足当下，做一个尚德守法的中职生？

学生活动 头脑风暴，列行动清单，并分享交流。

学生1：学习好法律知识，知道哪些行为是违法的，在学习生活中才会避免误入违法犯罪的歧途。

学生2：遵守社会公德，多为别人着想，不做损害别人利益的事情。

学生3：遇到同学间的冲突要冷静，不能辱骂，更不能动手，要用合理的方式解决。

学生4：在现实生活中，遇到合理不合法的情况时，即使我们感到法律明显不合理，也不能随意抛弃或搁置法律，一项法律规定，只要它没有被修改或废除，它就是有效的，人们就有义务去遵守和执行，如果觉得某项法律不合理，可以向有关国家机关提出修订或者废除的建议。

学生5：遵守交通安全法规，不闯红灯，不违章骑车；遵守环境保护法，坚持垃圾分类，参加志愿环保活动；遵守上海“新七不”规范，做合格公民等。

……

教师活动 对学生的交流进行梳理小结。

在社会生活中，如果没有规矩，没有一定的规则，社会就会陷入无秩序的混乱之中，遵守规则是人类社会生活能够正常进行的前提和保证。每个公民都应遵守共同的道德准则和法律规范。中职学生作为未来劳动者的有生力量，必须立足生活学习实践，不断提高思想道德素质和法治素养，使自己全面发展、健康成长。

设计意图：该环节在“引思明理”的基础上，引导学生在生活实践中落实道德与法治的要求，注重学生日常生活的践行，将道德和法治要求落实在学生的行动中，促进知信行的统一，做一名尚德守法的新时代中职生。

教学反思

引导学生正确理解“合理但不合法”的现象有较强的理论性和现实性。在以往的教学中教师曾一度强调理论的阐述，但未能引起学生的共鸣。经过教学反思和集中研讨后，教师改变了教学策略，在课堂上运用学生熟悉的影片创设主体化、沉浸式的教学情境，通过层层递进的议题式教学，引导学生在合作探究、交流分享中深入浅出地理解“合理但不合法”的现象，并在此基础上正确认识法律与道德的关系，在实践中争做尚德守法的中职生，为学生做出正确的价值判断和行为选择奠定了基础，取得了良好的教学效果。

议题2

遇到老人倒地该怎么办?

学生的困惑

1. 遇到老人倒地该不该扶?

2. 为什么面对老人倒地不能轻易扶?

3. 遇到老人倒地应该怎么“扶”?

教师的思考

【内容分析】

助人为乐一直是中华民族的传统美德,然而关于老人倒地该不该扶的争论一直不绝于耳,这也是学生在学习“感悟道德力量”时提出的困惑。教师应引导学生从“扶”与“不扶”的思想困惑中跳出来,教给学生以更理性、更科学的方式处理老人倒地的问题,将扶与不扶的决断问题转变为如何做的问题,为学生的心灵埋下真善美的种子,引导学生争做尚德守法的时代新人。

【学情分析】

中职生在年龄上处于未成年阶段,他们无论是在身体上还是心理上尚未完全健全,仍需社会的照顾和关怀。不过,他们对是非善恶的标准已经有了自己的看法。

面对老人倒地无人扶的道德窘境，大部分学生会感到气愤，而一旦身临其境，却难免会选择退缩，存在一定的思想困惑。

【目标分析】

通过本课教学，引导学生学会从道德和法律的双重视角看待“老人倒地怎么办”的问题，既要坚定弘扬社会正能量的立场，又要以科学、理性的方式帮助倒地老人；引导学生理解《中华人民共和国民法典》的相关条款，学会用法律武器维护自己的合法权益。本课的难点在于引导学生从“扶”与“不扶”的思想困惑中跳出来，重点在于学会以科学、理性的方式帮助倒地老人。

【教学设计】

在教学中运用真实的案例和情景扮演等创设教学情境，设计“遇到老人倒地该不该扶？”“面对老人倒地能否轻易扶？”“遇到老人倒地应该怎么扶？”三个环环相扣的议题，以学生为主体，引导学生在头脑风暴、辩论、情景扮演、观点交流中，在坚定弘扬社会正能量信念的同时，学会应对“老人倒地”的科学方法，做一个“见义智为”的时代新人。教学设计思路见表1。

表1　教学设计思路

环节	子议题	情境线	任务线	设计意图
创设情境	1. 遇到老人倒地该不该扶？	视频：老人倒地无人扶 ● 如果你是路人，该不该扶起老人？	● 观看视频 ● 分组辩论	创设教学情境，引导情感体验，澄清价值判断。

（续表）

环节	子议题	情境线	任务线	设计意图
引思明理	2. 面对老人倒地能否轻易扶？	情景扮演：老人倒地我来扶 ● 小王的故事给我们什么启示？	● 情景扮演 ● 合作探究 ● 分享交流	通过情景扮演、法律条文解读等方式，引导学生认识到“扶起倒地老人”不仅仅是道德问题，更是法律问题和科学问题，助人为乐要讲究法律和科学。
感悟导行	3. 遇到老人倒地应该怎么扶？	视频：老人倒地怎么“扶” ● 视频介绍了哪些方法为倒地老人提供帮助？ ● 你还有哪些好的建议？	● 观看视频 ● 交流感想 ● 决策实践	在引思明理的基础上，促进知信行的统一，引导学生学会用科学、合理的方式为倒地老人提供帮助。

教学过程

教师活动 播放视频《老人倒地无人扶》，设置疑问，并组织学生分组辩论。如果你是路人，该不该扶起老人？

学生活动 观看视频并开展辩论。

学生主要观点（扶）：

✧ 尊老爱幼是我们的传统美德，遇到跌倒的老人应该扶起。

✧ 关爱今天的老人就是关爱明天的自己，我们人人都会老，等到我们老的那天，同样希望摔倒了会有人来将我们扶起。

✧ 我会义无反顾地去扶起老人，这是基本的社会责任。

✧ “老吾老以及人之老”，假设我们自己的爷爷奶奶摔倒了而没有人扶，自己是什么样的心情。

✧ ……

学生主要观点（不扶）：

✧ 有专门“碰瓷”的老年人，不能轻易扶，扶不起。

✧ “多一事不如少一事”，省得被讹诈。

✧ 哪怕不被讹诈，也没时间和精力去折腾，增添麻烦。

✧ 这种事情，取证很难，说不清，不如不扶。

✧ “害人之心不可有，防人之心不可无。”

✧ ……

教师活动 结合双方观点及时小结，澄清价值判断。

尊老爱幼，是一个正常社会的做人基本道德，然而数年来因扶人反被诬陷，要求承担责任的事情屡见不鲜，冲击着社会的底线。这一个小小的问题经媒体反复放大，在一定程度上影响了我们的价值判断。路上遇到老人受伤的事，救死扶伤、挽救生命，是对生命的尊重，是做人的基本道德。看到老人摔倒，必须要扶起或提供帮助，不能一走了之。

设计意图：结合具体情境激发学生学习兴趣，发挥学生学习的主体作用，在分组辩论的思想碰撞中，加深对道德价值的理解，澄清价值判断，同时有助于培养学生的分析能力和发散性思维。

【引思明理】

教师活动 展示情景剧剧本，组织学生情景扮演，设置疑问。

《老人倒地我来扶》

【剧本内容】在上学路上，小王刚出地铁口，就看到一位老奶奶倒在路边，小王赶忙上前询问，老奶奶意识清醒，告诉小王，自己因不慎摔倒致颈部疼痛、活动受限、四肢无力。小王连忙将老奶奶搀扶着坐起来，并拨打了120，等待救援。在搀扶老奶奶的过程中，老奶奶头颈部曾出现多次摆动，导致二次伤害，造成了颈部多次损伤，使原发症状加重，最终不得不进行手术治疗，手术顺利完成，转重症医学科监护治疗。

（1）小王救人的故事给我们什么启示？

（2）如果老奶奶家属要追究小王的过错，小王需要承担法律责任吗？

学生活动 情景扮演，合作探究，分享交流。

学生1：看到老人摔倒不能轻易扶，老人身体受伤的情况不明确，盲目扶起，可能会导致二次伤害。

学生2：像这种比较严重的情况，一定要等到专业人员到来，采取专业的方式进行救助。

学生3：遇到老人倒地，在仔细询问情况后，要有一个基本的判断，没太大问题的可以慢慢扶起来；情况比较严重的，最好不要贸然扶起，否则会让情况更糟。

学生4：我认为小王需要承担一定的法律责任，虽然出发点是好的，但确实由于自己的疏忽，造成了更为严重的后果。如果被讹，也不冤。

学生5：我认为小王无须承担法律责任，好像我们国家出台的法律有新规定，像这种助人为乐的情况，如果造成损害，可以免责。

……

教师活动 对学生的交流进行梳理小结。

老人倒地该不该扶？这是一个道德问题，我们必须坚定立场。但是，如何扶？还是涉及一个科学问题，甚至是法律问题，是一个让“助人为乐”的正义如何实现的问题，所以扶老人一定要注重方式方法，注意保护自己和他人的人身和财产安全。虽然，我国《民法典》第一百八十四条规定“因自愿实施紧急救助行为造成受助人损害的，救助人不承担民事责任。”但是，不合理的救助方式，却会对自己或被救助人造成不必要的伤害。

设计意图：以情景剧的方式创设教学情境，引导学生在情景扮演、探究思考、分享交流中，认识到“扶起倒地老人”不仅仅是道德问题，更是法律问题和科学问题，在助人为乐过程中是要讲究法律和科学，不可意气用事。这样就使“要不要救扶”转化成“如何救扶”了。

【感悟导行】

教师活动 播放视频《老人倒地怎么扶》，设置疑问。

（1）视频介绍了哪些方法为倒地老人提供帮助？

（2）你还有哪些好的建议？

学生活动 观看视频，头脑风暴提炼观点，分享交流。

学生1：视频中提到，“老人倒地无人扶”有悖道德伦理的事虽在现实生活中是客观存在的，但是少数的。

学生2：如果仅因个别老人“碰瓷”就给社会贴上“老人变坏”抑或“坏人变老”的标签，这对绝大多数老人来说是一种道德戕害，也势必放大了社会负能量，让人与人之间的不信任裂痕变得更大。

学生3：向受伤老人提供帮助时，可请求第三人一起共同见证，避免与老人直接产生身体接触，上前询问姓名住址情况，有无心脏病、高血压、脑中风、何处受伤等情况，或由第三人直接用手机现场拍照。

学生4：如果老年人是本社区（村）熟悉的人，可以先联系其家属。若不认识，可上前询问老年人家属等基本情况，不可轻易移动老人身体，防止二次伤害。

学生5：如果老年人受伤情况不严重，可将其慢慢扶起，坐到安全点的地方休息；如果老年人昏迷不醒，先拨打120急救电话，等待救护车的到来，请专业人士来帮助。

学生6：如果老人呼吸和心跳都停止了，要抓紧时间采取心肺复苏。

学生7：照顾好自家的老人，尽量不让身体不好的老人独自外出，为家里的老年人佩戴一个胸牌，上面留下家属的联系方式。

学生8：国家颁布过《老年人跌倒干预技术指南》，要好好学习一下。

……

教师活动 对学生的交流进行梳理小结。

同学们讲得都非常好。我国拥有五千年的文明，被称为礼仪之邦，我们历来提倡“老吾老以及人之老”，我们每个人都会老去，家中也都有年迈的亲人，人可能倒，但心不能倒。希望大家在日常生活中能够力所能及地、通过合法合理的方式为倒地老人提供帮助，这是每一个公民应尽的责任。

设计意图：在“引思明理”的基础上，回到“老人倒地”的实际问题，引导学生认识到文明和谐社会需要见义勇为、乐于助人的正能量，解除思想困惑；同时，教给学生采用合理的方法帮助倒地老人，以实际行动弘扬社会正能量。

教学反思

碰到老人倒地怎么办是一个社会焦点问题，非常有必要对该问题进行分析，厘清学生的思想困惑，引导学生树立正确的价值导向。在教学中将学生的三个现实困惑——遇到老人倒地该不该扶？面对老人倒地能否轻易扶？遇到老人倒地应该怎么扶？作为环环相扣的三个议题，运用真实的案例、情景扮演等方式创设教学情境，引导学生在头脑风暴、辩论、情景扮演、观点交流中，在坚定弘扬社会止能量信念的同时，学会应对“老人倒地”的科学方法，做一个“见义智为”的时代新人，主动承担社会责任，养成助人为乐的习惯。本课教学目标初步达成，但对“老人倒地无人敢扶”的成因分析不足，深度不够，在今后教学中需要进一步强化。

议题3

雷锋精神过时了吗？

学生的困惑

1. 雷锋精神在现代社会是否已经过时了？

2. 我只想做一个平凡的人，不想成为像雷锋一样伟大的人，我还需要学雷锋吗？

教师的思考

【内容分析】

以上是部分学生在学习“感悟道德力量”时，围绕雷锋、雷锋精神及学雷锋所产生的疑问与困惑。从理论上讲，个人品德在“四德”建设中具有基石作用，不论是社会公德、家庭美德，还是职业道德的实现最终都要归结到个人品德。从实践上讲，加强个人品德修养与学生生活联系比较密切，对中职学生的健康成长具有重要意义。

【学情分析】

经过多年的教学实践，不难发现，只要提到“道德”二字，几乎所有学生无一例外会想到并提到好榜样雷锋。然而，随着课堂互动的深入，又不难发现，雷锋其人及其事迹对于如今这群“00后”的中职学生而言，仅以一个空洞的形象存在于课本中。分析学生的困惑及疑问背后原因，一方面是学生所生活的时代、观念都较过去有了较大改变；另一方面，可能由于从小到大，家长、学校都对他们的学业成绩给予了较多的重视与关注，也使得每年的“3·5”学雷锋活动仅沦为了口号与形式……

【目标分析】

结合教学内容及中职学生的困惑，确定本课教学目标为理解公民基本道德规范的内容及作用；理解生活因道德而美好的道理；努力在日常生活中养成好品行。“在学雷锋和志愿服务中践行社会主义道德、加强个人品德修养”既是本课的教学重点之一，也是学生学习的难点所在。突破该教学重点有助于培养中职学生政治认同、职业精神、健全人格、公共参与等思政学科核心素养，更好地弘扬中华优秀传统文化，培育和践行社会主义核心价值观，帮助学生树立有序参与公共事务、积极承担社会责任的意识。

【教学设计】

教学中，教师首先要帮助学生搞清楚雷锋精神的内涵，可尝试从历史的角度进行梳理，解决“雷锋精神在现代社会是否已经过时了？”的疑问；在此基础上，可创设情境来帮助学生进一步认同学雷锋及服务奉献的意义，明确学雷锋服务奉献不只是在喊口号；最后，结合学生已有的生活经验及志愿服务体验，学做“小小雷锋”，加强个人品德修养。教学设计思路见表1。

表1　教学设计思路

环节	子议题	情境线	任务线	设计意图
激情导入	1. 什么是雷锋精神？	以时间线为脉络，介绍不同社会时期的雷锋精神及学雷锋要求。	课前分组任务，收集素材，描述、感受、理解。	梳理、认识雷锋精神的内涵，拉近学生与雷锋人物事迹的距离。

（续表）

环节	子议题	情境线	任务线	设计意图
引思明理	2.“当代雷锋”知多少?	结合时事，分享“当代雷锋”的人物事迹。	思考、讨论。	明确雷锋精神的传承与发展及其意义，雷锋精神不过时且值得我们学习、发扬。
感悟导行	3. 如何学习并发扬雷锋精神?	交流分享志愿服务的行动体验，感悟生活因道德而美好。	讨论、分享。	链接已有的志愿服务体验，增强在学雷锋和志愿服务中践行社会主义道德的自觉性。

下面以教学片段为例进行说明。

教学过程

【创设情境】

热词分享，思考雷锋精神的内涵

教师活动（设问）

课前布置同学们分组收集雷锋的生平事迹和对不同时期雷锋精神的内涵理解，请每个小组安排一名代表来给大家进行分享。

第一组介绍雷锋的生平事迹；

第二组介绍毛主席发表“向雷锋同志学习”的题词及讲话内容；

第三组介绍党的十一届三中全会后，学雷锋活动所注入的新内容和新活力；

第四组介绍党的十八大进一步强调要深化群众性精神文明创建活动，广泛开展志愿服务，推动学雷锋活动、学习宣传道德模范常态化。

以时间线为脉络，介绍不同社会时期的雷锋精神及学雷锋要求。

是否可以用“热词”的方式来进行概括呢？请在平台上就“什么是雷锋精神”

进行热词发布。

学生活动（发布热词）

做好事、好品德、钉子精神、为人民服务、永不生锈的螺丝钉、大爱、进取、民族脊梁、理想信念、服务奉献、爱岗敬业……

教师活动（小结）

1963年3月5日，毛主席发起了在全国范围内轰轰烈烈的学雷锋活动。关于学雷锋活动的内容，毛主席曾说："学雷锋不是学他哪一两件先进事迹，也不只是学他的某一方面的优点，而是要学他的好思想、好作风、好品德；学习他长期一贯地做好事，而不做坏事；学习他一切从人民的利益出发，全心全意为人民服务的精神。"党的十一届三中全会后，学雷锋活动注入了新的内容和活力。雷锋精神细化到每个人的岗位上，突出"做一颗永不生锈的螺丝钉"和刻苦学习的"钉子精神"。进入21世纪，党中央为推进社会主义核心价值体系建设、打牢全党全国各族人民团结奋斗共同思想道德基础，对雷锋精神作出新概括，党的十七届六中全会又一次向全国人民发出号召：深入开展学雷锋活动，推动学雷锋活动走向常态化，大力弘扬雷锋精神，促进社会主义核心价值体系建设，不断提升公民道德素质和社会文明程度。2013年3月6日，习近平总书记参加十二届全国人大一次会议辽宁代表团的审议时强调，雷锋、郭明义、罗阳身上所具有的信念的能量、大爱的胸怀、忘我的精神、进取的锐气，正是我们民族精神的最好写照，他们都是我们"民族的脊梁"。党的十八大进一步强调，要深化群众性精神文明创建活动，广泛开展志愿服务，推动学雷锋活动、学习宣传道德模范常态化。

从党和国家领导人的讲话中可以发现，经历了时代变迁的雷锋精神已经从最初反映雷锋本人的先进事迹、高尚品德逐步发展为以"雷锋式"先进人物为代表的先进事迹、高尚品德与时代精神。雷锋精神的内涵与实质为：全心全意为党和国家、社会和人民服务的精神。

设计意图：在"雷锋精神过时了吗？"这一议题下的探讨，首先要尝试从历史的角度对雷锋精神的内涵进行梳理，更直观且生动，通过学生课前的分组探究、教师课堂上的材料展示，在一定程度上拉近了新时代中职学生与雷锋人物事迹之间的距离，帮助学生了解雷锋同志服务人民、助人为乐的奉献精神，解决了部分学生课前认为“雷锋是伟大的、崇高的人，但他离我们的生活太遥远，与我们普通中职学生没有关系”的误区。同时，为后续“学雷锋”服务奉献的意义和积极投身实践，学做“小小雷锋”的教学做准备。

【引思明理】

思维碰撞，认同“学雷锋”及服务奉献的意义

教师活动（设问）

在了解了雷锋精神的内涵后，我们进一步思考的是：为什么要学习雷锋全心全意为党和国家、社会和人民服务的精神呢？中国共产党带领全国人民从站起来、富起来到强起来，如今我们还需要学习雷锋精神吗？

在我们的现实生活中，是否有“当代雷锋”呢？请举例。

学生活动（讨论回答）

共和国勋章获得者钟南山院士；七一勋章获得者张桂梅、王兰花；当代“雷锋”郭明义；“扎根”社区的志愿者们；等等。

观点一：雷锋精神已经过时，每个人都应该做好自己，不给他人添麻烦。

观点二：雷锋精神永不过时，我们要继承并发扬雷锋精神，在服务与奉献中养成好品行。

教师活动（小结）

在他们的身上体现的是爱国的理想信念；服务他人的奉献精神；干一行爱一行的敬业精神；自强进取、艰苦奋斗的精神；这正是全心全意为党和国家、社会和人民服务的精神，也是雷锋精神的传承与发展。

设计意图：想要解决学生的疑问，倘若仅照本宣科就只是空洞的说教与灌输，难以使学生认同并在情感上提升，更容易造成所谓的“知而不信、信而不行”。为此，在学生发表观点的过程中，教师要引导学生从社会、家庭、个人成长等多角度思考问题，并结合实例或者典型案例来阐释说明，运用辩证思维，实事求是地发现问题、分析问题并解决问题。

结合社会时事及典型案例，如共和国勋章、七一勋章、全国劳模、大国工匠等

获得者真实的、典型的案例，在学生思考问题及阐述观点的过程中，帮助学生理论联系生活实际。与此同时，激发学生的家国情怀、民族自豪感与自信心，在一个个鲜活的当代人物事迹中，体会并感悟他们爱国的理想信念、服务他人的奉献精神、干一行爱一行的敬业和自强进取、艰苦奋斗的精神。说明：雷锋精神非但永不过时，并且依旧值得新时代的我们努力学习并继承发扬，并从中感悟道德建设与美好生活的关系，认识幸福生活因道德而美好的道理。

【感悟导行】

真实体验，学做“小小雷锋”，加强个人品德修养

教师活动（设问）

我们的幸福生活、美好生活得益于一个又一个“当代雷锋”的无私奉献。在我们的身边，是否也有服务与奉献班集体的“小小雷锋”呢？在我们的日常学习生活乃至未来职场中如何做到服务与奉献呢？

学生活动（讨论回答）

我参与过志愿者服务活动，我参与过“献爱心”活动，我做过班级管理岗位，我在家庭中承担力所能及的家务劳动，我在社区做过社会实践活动……

每个人都要认真做好每一天的值日工作，生活委员做好每月午餐预订，课代表做好服务工作，同时做好实训教室的环境布置……

教师活动（小结）

习近平总书记曾经说过，无数人生成功的事实表明，青年时代，选择吃苦也就选择了收获，选择奉献也就选择了高尚[①]。学雷锋与志愿服务不仅需要有良好的服务意识和态度，还需要练就服务奉献的本领。为此，我们要学好自己的专业知识和职业技能，以便未来在工作岗位上更好地为他人和社会服务奉献。

设计意图：针对“我只想做一个平凡的人，不想成为像雷锋一样伟大的人”，以及“我能做好自己就可以了，学雷锋服务奉献只是在喊口号”等困惑，通过志愿

① 习近平总书记2013年5月4日在同各界优秀青年代表座谈时的讲话。

服务的体验分享，营造自主探究、相互交流的学习氛围，环节流畅，增强学生在学雷锋和志愿服务中践行社会主义道德的自觉性，努力在社会上做一个好公民，在日常生活中养成好品行。明晰“雷锋精神，人人可学；奉献爱心，处处可为。”要争做雷锋精神的忠实传承者和社会主义核心价值观的模范践行者。

教学反思

回顾本课，“道德”这一主题在理论层面并不难理解，难在如何将其内涵、重要作用和意义入脑、入心、知行合一。本课题核心议题“雷锋精神过时了吗？”从“什么是雷锋精神？”“‘当代雷锋’知多少？”“如何学习并发扬雷锋精神？”三个子议题展开，层层递进，从历史逻辑出发，结合当代时事人物，再联系学生的真实行为体验，不断拉近“雷锋”这一经典人物及其事迹与新时代中职学生之间的距离。

通过学生课前的分组任务、材料收集到课堂上的热词分享、思维碰撞、体验分享，均围绕子议题与情境展开，逐步完成相应任务线索，引导学生从社会、家庭、个人成长等多角度思考问题，帮助学生将理论与生活实际相结合。

学生在课前和课堂的分享讨论中，家国情怀、民族自豪感与自信心得以激发。通过子议题的逐步深入，学生理解了“雷锋精神”与一个个鲜活的“当代雷锋”人物事迹之间是传承与发扬关系。最后，结合自身志愿服务的体验分享，学生明晰并认同雷锋精神永不过时，“雷锋精神，人人可学；奉献爱心，处处可为。”我们应争做雷锋精神的忠实传承者和社会主义核心价值观的模范践行者，达成政治认同、职业精神、健全人格、公共参与等核心素养的目标。

议题4

如何培养职业道德？

学生的困惑

1. 我在校好好学习就行了，职业道德是不是应该到工作时再养成？

2. 感觉职业道德是个很空泛的概念，自己所学专业的职业道德具体有哪些要求呢？

3. 在校期间如何培养所学专业对应的职业道德？

教师的思考

【内容分析】

“自己所学专业的职业道德要求有哪些？又该如何养成？”这是学生在学习《职业道德与法治》第二单元第四课《在工作中做合格建设者》时普遍面临的问题。教师需要结合学生所学专业，引导学生探索所学专业应具有的职业道德，将职业道德观念与学生的生活实际结合起来，促进学生在日常生活中有意识地养成职业道德行为习惯。

【学情分析】

本课授课对象为中职二年级会计专业的学生，缺乏社会经验和对自己专业的全面了解，对职业道德的理解较为浅显，难以与当下的学习、生活建立联系，更难以实施行动，在学习中容易存在“知信行”脱节的现象。另外，不论是学校教育还是家庭教育，相对更关注学生的智育成绩，对职业道德的教育相对薄弱，很多学生没有树立起从现在开始培养职业道德的意识。

【目标分析】

通过本课教学，促进学生树立职业道德养成从现在做起的意识。学生能通过企业走访经历，理解会计专业的职业道德要求及其行为表现，树立勇于探究的科学精神，知晓会计专业的职业道德要求及其行为表现，遵守国家法律和职业法规，培养积极的劳动态度。学生能根据所学专业的职业道德要求及其行为表现进一步评析自身特点与差距，从而完善自我，培养良好职业道德和职业行为。教学重点为：学生能根据企业走访经历理解所学专业的职业道德要求及其行为表现。教学难点为：引导学生认同所学专业职业道德要求，并能根据所学专业的职业道德要求及其行为表现进一步评析自身特点与差距，进而产生主动培养良好职业道德和职业行为的意识。

【教学设计】

表1　教学设计思路

环节	子议题	情境线	任务线	设计意图
创设情境	1. 职业道德是要从现在做起还是工作后再养成?	视频案例：因乱翻别人东西，小张等几位同学还未面试就落选。 ● 职业道德是要从现在做起还是在工作中养成?	● 观看视频 ● 分组辩论	创设教学情境，引导情感体验，澄清价值判断。
引思明理	2. 会计专业的职业道德要求有哪些?	企业走访视频: ● 分享企业所见所闻 ● 会计专业的职业道德要求有哪些? ● 出纳岗位职业道德的具体行为体现有哪些?	● 观看视频 ● 合作探究 ● 分享交流	探索本专业职业道德要求，使抽象的职业道德具体行动成为可操作的，树立积极的劳动态度。

（续表）

环节	子议题	情境线	议学任务线	设计意图
感悟导行	3. 在校期间，我要如何培养会计专业职业道德？	出纳岗位职业道德行为表现思维导图 ● 对照思维导图，结合现状，思考自己的差距和优势，在平台进行评分。 ● 针对差距，该如何改进？	● 自我评价 ● 决策实践	将职业道德要求落细落微，使学生进一步明确努力方向，培养良好职业道德和职业行为。

教学过程

【创设情境】

教师活动 播放视频《小张为什么落选了？》并设置疑问。

视频内容：小张等几位同学在等待面试时，因好奇翻动别人桌面物品，导致未面试就落选。

（1）小张等几位同学还没有面试，为什么就落选了？

学生活动 观看视频并交流。

学生1：小张等人落选的原因是他们乱翻了经理的桌面，虽然他们是好奇经理年轻时的照片，但是不经别人允许就翻别人的东西是不礼貌的。

学生2：不仅是不礼貌，小张他们是学会计的，应该知道作为财务人员，保密是基本的职业道德，不经允许随便翻别人东西也涉及财务类职业基本的职业道德。

（2）你认为职业道德是要从现在开始培养，还是在以后的工作中养成？

学生主要观点（现在做起）：

✧ 职业道德素养非常重要，是用人单位非常看重的，要从一点一滴做起。

✧ 职业道德的养成不是一蹴而就，就像是一种习惯，需要在日常学习生活中有意识地养成，并主动遵守。

✧ 企业在招聘的时候肯定想招有基本职业道德素养的人。

✧ ……

学生主要观点（工作后再养成）：

✧ 职业道德素养是在工作中养成的，现在又不知道将来要从事的财务工作职业道德素养要求有哪些。

✧ 现在的主要任务是学习，用不着职业道德素养，以后工作了再说吧。

✧ ……

教师活动 对学生的交流进行梳理小结。

小张他们落选，看似是因为小事，实际上却涉及会计专业的基本职业道德。职业道德能规范和约束从业人员的行为，对于保证职业活动具有非常重要的意义。它的养成不是一蹴而就的，在平时的学习中就要注意培养。刚刚也有同学有疑问：不了解将来要从事的财务工作职业道德要求有哪些？接下来让我们一起来回顾一下企业走访时的所见所闻，一起探索会计行业的职业道德要求有哪些，以及如何培养这些道德。

设计意图：通过视频《小张为什么落选了？》，结合具体案例，引导学生讨论，在分组辩论的思想碰撞中，加深对职业道德的理解，树立职业道德从现在做起的意识。

【引思明理】

教师活动 播放课前企业走访视频。

视频简介：本视频记录了课前学生在校企合作单位走访调研的过程。

教师活动 请同学们分享企业走访过程中的所见所闻。

学生活动 分享交流。

学生1：让我印象最深的是有位记账员老师，她桌上摆着厚厚一沓记账本，她说，做会计最重要的就是一定要严谨认真，千万不能出错。

学生2：我们小组参观了出纳岗位。企业老师也跟我们说财务人员一般做完报表、记账，都会再检查几遍，反复核对。我想这就是我们财务人员的敬业精神。

教师活动 梳理总结学生发言并引导学生更深入探索。

刚刚同学们分享的“严谨认真”“爱岗敬业”等有关职业道德要求的品质，这些都是财务类人员在职业生活中应当遵循的、具有职业特征的道德要求的行为准则。除此之外，财务类工作人员还应当遵循哪些职业道德呢？让我们以小组为单位进行讨论，并在平台讨论区发布职业道德要求的关键词。

学生活动 学生头脑风暴关于职业道德要求的关键词，平台显示高频词。

教师活动 展示高频词并总结。

我们看到，出现频率较高的关键词有“诚实守信、爱岗敬业、严谨细致、服务社会……”，大家讨论出了这么多，的确，职业道德包含的内容非常多，我们把这些关键词归类为诚实守信、爱岗敬业、廉洁自律、服务社会。职业道德具有行业性，它不是一句空泛的口号，而是由具体的行为组成的。接下来请同学们结合企业走访经历，以入门岗位——出纳为例，一起讨论你看到的、听到的哪些具体行为可以体现出纳的诚实守信、爱岗敬业、廉洁自律、服务社会。小组讨论5分钟，然后进行分享。

学生活动 学生小组讨论。

教师活动 组织学生分享讨论结果并整理思维导图。

学生活动 学生分享讨论结果，在老师的带领下，全班将小组讨论的职业道德行为体现整理到思维导图中。

➲ <u>诚实守信</u>

学生1：从原始资料的取得、凭证的整理、账簿登记等都要真实。

学生2：在做报表、记账时，把数字打到电脑上一定要认真仔细小心，做完后要检查，反复核对，做到数据准确。

学生3：出纳涉及现金、各种凭证，都非常重要，有些凭证要保留好多年。要好好保管，不能丢。

学生4：电脑里的机要信息要做好保密，离开的时候把自己电脑关掉或者退出相关界面，不泄露客户的具体信息，保密工作要做好。

学生5：我觉得作为出纳人员，不能随便讲与工作有关的事情， 做到守口如瓶，免得在不知不觉中泄露了财务数据。

➲ 廉洁自律

学生6：不受诱惑，每天手里过那么多金钱，但也不要去占公司便宜，不能想着挪给自己用。

学生7：我觉得在做账时不能作假，随意修改内容，员工的报销不得虚报作假。

➲ 爱岗敬业

学生8：在做报表、记账时，一定要认真仔细，收支计算准确无误，单据审核准确无误，所以一定要细心检查，保证不出错，尤其是涉及金额、数字部分，做完后要再仔细核对一遍。

学生9：我看见工作人员旁边会放一个计算器，发票、单据和账簿都整理得很整齐，摆放也很有序。

学生10：我觉得要有规则规范意识，按流程办事，比如遵守会计法规，每天工作结束时都要核对进出账目、库存。每一笔业务、金额都要记账、核对，来一个记一个，不能偷懒合起来记。还有该有的手续都要完备。

➲ 服务社会

学生11：我觉得财务人员不做假账也是服务社会的体现，一些人做假账，给国家、单位、人民造成了巨大的危害，这是必须抵制的。

学生12：财务人员要和很多客户、其他业务部门打交道，那么在沟通的时候需要换位思考，遇到事情的时候站在对方的角度想一想，如果我是对方，我该如何处理这件事，可能就会更加理解对方处理问题的方法，也就会愿意更加耐心地向对方解释一些财务知识。

学生13：还有一个小细节，就是认真倾听别人讲话，别人说话的时候不乱插嘴。

教师活动 梳理小结。

职业道德体现在日常的具体行为中，我们通过探讨职业道德要求的具体行为体现，看到了职业道德要求并不是抽象的概念，而是由具体的行为组成。因此，养成良好的职业道德，就要从小事做起，从现在做起。

设计意图：结合企业走访经历，教师引导学生通过头脑风暴、小组讨论等形式探讨职业道德要求及具体行为表现，将职业道德要求具体化、行为化，使抽象的职业道德和要求成为可操作的活动。同时，通过小组分工合作，提升团队合作意识和沟通表达能力。

【感悟导行】

教师活动 引导学生探索自我差距与优势。

对照出纳岗位职业道德要求的思维导图，结合现状，思考自己的差距和优势，在平台进行评分，并针对差距思考该如何改进呢？

学生分享：我觉得我在诚实守信方面做得还不错，但是在爱岗敬业方面可能还不够，比如严谨细致方面可能还要注意，因为有时候做作业还挺粗心的，做题有时候会看错题，我觉得要更注重一些细节，做完题目后，自己再主动检查一遍。

教师总结：遵守职业道德是从业之本。对照着我们的近期职业目标之一——出纳岗位的职业道德素养表现，同学们不仅分析了自己的优势和劣势，面对差距，也能结合日常实际，想到了进一步努力的方向，希望课下能够坚持。

设计意图：构建本专业职业道德要求与学生现状的联系，将职业道德要求落细落微，使学生进一步明确努力方向。

教学反思

本节课前充分了解学情，与会计专业教师和企业教师协同教研，针对学生的困惑和疑问，设计教学方案，并开展企业走访实践活动，使课堂教学更贴近学生实际。从企业调研到课中探讨专业职业道德要求和具体行为表现，再到探讨自我优势与差距，发挥学生主体性，培养学生科学探究精神，使学生更深刻了解职业道德的内涵和所学专业的职业道德要求，增强职业道德培养从现在做起的意识。以企业走访时调研到的入门岗位——出纳岗位为例，明确职业道德要求的具体行为表现，使抽象的职业道德要求具体化、行为化，使学生在校期间能更好地践行职业道德要求，从而完善自我，培养良好职业道德和职业行为。

本课仅以企业调研到的会计专业入门岗位——出纳岗位为例进行探索，随着专业学习和对职业了解的深入，可用本课学习的方法分析其他岗位的职业道德要求。

议题5

遇到不感兴趣的工作怎么办？

学生的困惑

1. 兴趣是找工作的首要因素吗？
2. 遇到不感兴趣的工作怎么办？
3. 如何才能做到“干一行、爱一行、精一行”？

教师的思考

【内容分析】

在当代社会，更为开放的就业环境让学生更渴望择业自主权，希望能够根据自己的兴趣来择业，“爱一行、干一行”，从而将更高的热情投入工作。但是现实社会中，择业的自由是有限度的，学生的兴趣也不是一成不变的，仅仅依靠主观判断也难以决定自己的兴趣爱好，所以“干一行、爱一行”也非常重要。作为老师，要从学生的角度出发，分析学生步入社会后在职场中可能遇到的问题，在教学中提早对学生进行引导和教育，让学生能够平衡好“理想”和“现实”的关系，寻找让学生能够“乐业、勤业、精业”的措施，培养学生的“职业精神”和“健全人格”，让学生踏上工作岗位后能够正确应对个人兴趣和从事的工作之间可能存在的冲突。

【学情分析】

中职生毕业后从事的大多是基层的岗位，工作可能枯燥而且辛苦。由于企业出现的用工荒，中职生就业压力不大，这可能导致中职生就业期望值普遍提高。在寻找工作时，一些同学对自己的专业技能估计过高，倾向于专业完全对口，不愿意从基层或者相近行业做起，对岗位的薪资待遇要求也比较高。但是，中职生在学校学习的专业知识和专业技能毕竟有限，在很多工作岗位都很难立即胜任。因此，中职学生需要摆正自己的位置，从基层开始，踏踏实实一步一步完成“学校人”向“职场人”的转变。

【目标分析】

通过本课教学，引导学生掌握遇到不喜欢的工作时的应对措施，增强学生的职业道德意识，在就业时能够自觉选择正确的工作态度，学会将“乐”“勤”“精”的要求落实到学习生活当中。本课的重点在于理解“爱一行”“干一行”和“精一行”三者之间的关系，掌握遇到不喜欢的工作时应该采取积极的应对措施，从而达到“干一行、爱一行、精一行”。难点在于帮助学生建立积极的工作态度，自觉践行职业道德规范，为将来践行乐业、勤业、精业做准备。

【教学设计】

教学设计以学为中心，以引导学生分析、讨论为主要教学方式。在教学中遵循教学规律，贴近学生特点，激发学生学习兴趣，促使学生积极主动地学习，有效地吸收和运用知识。课堂设计上，教师按照“职场的烦恼——干一行才能爱一行——爱一行才能干好一行”的思路进行设计，从身边的真实案例出发，引导学生认识到自觉践行职业道德规范对个人就业和发展的重要意义。采用情景模拟、角色扮演、故事续写等课堂活动，提高学生“乐业、勤业、精业”的职业意识，把敬业变成职业习惯，从做中学，全身心投入工作中，真正做到“乐业、勤业、精业”。教学设计思路见表1。

表1 教学设计思路

环节	子议题	情境线	任务线	设计意图
创设情境	1. 兴趣是找工作的首要因素吗?	职场的烦恼。	学习案例，描述感受和体验。	创设教学情境，引导情感体验。
引思明理	2. 如何做到“干一行、爱一行”?	小明的对策（1）探索分析小明是如何做到从“不感兴趣”到“爱上这个职业”的。	通过角色扮演，引导学生思考：如果你是小明，你会如何发现工作中的兴趣点?	分析“爱一行”和“干一行”之间的现实冲突，引导学生“干一行、爱一行”。
	3. 如何做到“爱一行、精一行”?	小明的对策（2）探索分析小明是如何做到从“爱上这个职业”到“做好这个职业”的。	通过角色扮演，引导学生思考：如果你是小明，你会如何做好这份工作?	分析“爱一行”和“精一行”之间的现实冲突，引导学生“爱一行、精一行”。
感悟导行	4. 如何才能做到“干一行、爱一行、精一行”?	通过制作爱岗敬业宣传画，创设爱岗敬业的氛围。	通过实践活动和分享交流，加深对“乐业、勤业、精业”的理解。	在“引思明理”的基础上，促进知信行的统一，做一名爱岗敬业的新时代中职生。

教学过程

【案例导入】

职场的烦恼

食品专业的小明岗位实习时，被选聘在一个饭店榨果汁。一开始他很兴奋，师傅让干什么他就做什么。但是，仅仅两周的时间，他的心情就不愉悦了。因为他觉得每天的工作不是打扫卫生就是倒垃圾，榨果汁这项工作也没有什么技术含量，大部分时间都在打扫卫生和整理物品中度过。于是他迷茫了，不知道该何去何从？

教师活动（设问）

我们在选择职业时会考虑到哪些因素呢？如果你是小明你会怎么做呢？

学生活动（讨论）

✧ 如果我是小明，我准备换个喜欢的工作，小明现在的工作也太没有意思了。
✧ 如果我是小明，我要研发出一些更美味的甜品和果汁，希望能够得到客人的喜爱。
✧ 如果我是小明，我要认真学习饭店的经营，了解成本和利润，争取自己以后开个甜品店。
✧ ……

教师活动（小结）

现实生活中，职业选择的自由是有限度的，如果能从事自己喜爱的工作，那是一件幸福的事情。但是很大概率我们从事的职业并不是我们现在喜欢的。正如我们的同学所讨论的那样，任何一份工作，深入研究还是很有意义的。在探索和研究的过程中，你会慢慢发掘出自己的兴趣点和工作本身的乐趣，从而更好地完成自己的工作。

教师活动（设问）

根据小明的案例，请大家来思考：在选择职业时要考虑到哪些因素呢？

学生思考

兴趣爱好在选择职业时很重要，喜爱一个职业才能投入自己的热情从而更高效地完成职业的要求。

现实条件下，中职生找工作难，职业选择自由是有限度的，我们不能由着自己的性子，找不到喜欢的就不工作。

我们可以尝试从事一些原本不感兴趣的工作，也许会慢慢喜欢上这份工作。

……

教师活动（总结）

职业是大家接触社会的重要途径，在求职过程中，我们要考虑到很多因素，比如经济因素、心理因素等。但是，无论从事什么工作，只要技能精湛，坚守职业道德，自尊、自强、自爱，就能得到尊重。

设计意图：该部分的教学设计主要是引导学生“干一行、爱一行、精一行”，即使目前的工作只是权宜之计，也应该以敬业的精神做好这份工作；即使目前的工作离自己的梦想很远，也要立足当前，为将来选择理想的职业做好铺垫。

【引思明理】

1. 干一行才能爱一行

在经历了一段时间的迷茫后，小明每天都郁郁寡欢，提不起兴趣。经理看出了他的不开心，建议他换一种方式用心去工作，与客户分享快乐。他把一些健康小贴士、格言、祝福语、笑话、天气预报等写在纸条上，贴在果汁杯表面，顾客接过果汁，看到这些纸条时都格外高兴，由衷地对他表示感谢，而他自己也从中感受到了工作的乐趣。

教师活动（点拨）

问题一：你是不是有这样的经历：做某件事情一开始很感兴趣，时间一久就感到厌烦了？

问题二：小明是如何从工作中挖掘出乐趣的？

问题三：如果将来对工作产生厌倦，你会怎么办？（讨论后回答）

学生活动（讨论）

我做事经常会三分钟热度，刚开始接触的时候觉得新鲜，但是时间长了就越来越没有兴趣了。

再枯燥无味的工作也一定会有它有趣的地方，我们要努力坚持下去，去寻找工作中的乐趣，就像小明一样，再简单的工作也会很有意义。

如果现在工作让我厌倦，我可能会去选择其他工作。

……

教师活动（总结）

兴趣爱好不是一成不变的，不管我们的工作是不是我们原本梦寐以求的，我们都要充满信心、满怀热情地投入工作中去，只有不断战胜困难、挑战自我才能真正做好自己的工作。工作的人是快乐的，工作中不缺少乐趣，缺少的是我们感知乐趣的心态。乐业要求我们对所从事的工作培养起浓厚的职业兴趣，激发出强烈的崇敬感和自豪感，树立起神圣的事业心和责任心，保持乐观向上的工作态度，并在职业实践中体味和享受职业之乐。

设计意图：该部分的教学设计主要是让学生真正认识到工作是快乐的。有些人之所以厌倦自己的工作，是因为他没有找到职业的乐趣。其实，学习也是这样，要有“乐学”精神，学会从枯燥的理论学习中找到学习的兴趣是非常重要的。这就需要学生平时学会观察，善于思考，从而找到学习中的兴趣点。

2. 爱一行才能干好一行

小明毕业后，顺利留在一家饭店工作。他每天早来晚走，勤奋工作，不管分内分外，有无报酬，都将整个饭店收拾得干干净净。他发现饭店以经营火锅为主，一到秋冬季节，生意分外火爆。火锅需要上很多菜，传菜员经常不够用，于是他主动跟经理提出去做传菜员。经理同意了，饭店很大，传菜员往往要走很多路传菜，他每天的步数都超过两万步，经常累得腰酸背痛。晚上躺在床上他思考如何提高上菜的效率。由于他从小喜欢轮滑，享受轮滑的自由和速度，他灵机一动，想起来可以轮滑传菜。第二天他把这个想法告诉经理，经理认为轮滑传菜存在安全隐患，没有同意。但是他没有放弃，在每晚饭店营业结束后，偷偷端着盘子在大厅练习。刚开始，由于平衡难以控制，小明摔了好几次，腿上也有多处瘀青。但是他咬紧牙关坚持下来了。经过一个月的练习后，他主动提出要展示一下轮滑上菜，经理看到他娴熟的样子，便同意让他试试。没想到，轮滑传菜不仅显著提升了传菜速度，而且吸引了很多顾客的关注，饭店的生意也越来越火爆了。经理破格提升小明为员工主管，还让他负责培训其他传菜员学习轮滑传菜。小明越来越喜欢自己的工作啦！

教师活动（点拨）

请同学们思考小明为什么能得到提升？

学生活动（讨论）

小明将自己的轮滑应用到工作中，提高了工作效率，为饭店创造了更好的利润。

小明在工作中投入了百分之百的努力，把工作完成得很出色。

小明是一个很有创意的同学，轮滑上菜很有新意。

在工作中我们可以结合自己的业余爱好，想办法把工作干好。

……

教师活动（总结）

不管我们选择从事什么样的工作，都要求我们有忠于职守的工作责任心、认真负责的工作态度和刻苦勤奋的工作精神。忠诚、认真、勤奋是成功的金科玉律，敷衍、马虎、懒惰是成功的最大威胁。

教师活动（点拨）

请同学们思考小明是如何把自己的工作做得越来越好的？

学生活动（讨论）

小明不断创新进取，与时俱进，取得了一定的成就。

社会发展瞬息万变，要做好工作，除了勤勤恳恳，还需要不断创新、与时俱进，才能把工作做好。

教师活动（总结）

创新是现代企业决胜市场的王牌。突破思维限制，培养创新意识，不论是现在成为优秀学生，还是将来成为优秀员工，都是非常必要的。不管是“爱一行、干一行”还是“干一行、爱一行”，我们都要做到“精一行”。要做到“精业”，必须不断学习，对工作精益求精、追求卓越、不断创新、争创一流。

设计意图：该部分的教学设计旨在让学生明白，无论做什么事情，认真、勤奋是成功的金科玉律。从现在开始，逐步改掉敷衍、马虎、懒惰的坏习惯。做事情要精益求精，不能一知半解，要终身学习，不断创新。

3. 答疑解惑

（1）干一行、爱一行，是不是要求我们一辈子只能从事一件工作不能跳槽呢？

（2）怎样处理好正常的职业调整与干一行、爱一行的关系？

教师活动（点拨）：干一行、爱一行并不排斥正常的职业调整。正常的、积极的职业调整有利于发现自己的优势，挖掘自己的潜力，有利于事业的成功。但我们不赞成频繁地、轻率地、盲目地跳槽。

学生活动（讨论）

干一行、爱一行，不是一辈子只能从事一件工作，如果实在不喜欢自己的工作，还是可以结合自己的兴趣进行调整的。

我们要正确了解自我、立足岗位，进行合理的职业调整。

教师活动（总结）

职业调整在职业发展中很重要，我们要端正职业态度，树立正确的职业观，为将来选择职业并立足岗位成才奠定坚实的思想基础。

设计意图：设计这一栏目的用意在于帮助学生理解"干一行、爱一行"的含义，认识到"干一行、爱一行"并不意味着一辈子只能从事一种工作，认清它与职业调整的关系。

【感悟导行】

制作爱岗敬业宣传画

教师活动（点拨）

在当今社会，爱岗敬业是各行各业对每一个员工的基本要求，是企业核心竞争力的体现。企业发展了，员工也会跟着发展。大家谈谈爱岗敬业有哪些重要意义呢？

学生活动（讨论）

每个行业都需要爱岗敬业，希望通过宣传画让更多人喜爱自己的职业。

希望劳动者们努力提升自我，为社会作出更大的贡献。

爱岗敬业才能让我们更好地实现人生价值。

……

教师活动　分发制作宣传画所用彩笔和海报纸，指导小组进行绘制。

学生活动 分小组绘制爱岗敬业宣传画，完成后请每小组派代表分享各组宣传画的设计思路和内涵。

教师活动（总结）

爱岗敬业可以提高工作效率，增强综合竞争力，促使各行各业更好更快地发展。

设计意图：该部分的教学设计要让学生明白“干一行、爱一行、精一行”是我们对待工作的正确态度，是爱岗敬业的应有之义。中职学生要成为高素质的劳动者，一定要理解爱岗敬业的意义，培养“干一行、爱一行、精一行”的积极态度。

教学反思

“如何做到‘干一行、爱一行、精一行’”一直是职场中老生常谈的话题。但是如何让学生自觉认识到并践行职业道德规范，却一直是教学中的重要难题。在本课教学中，教师选择了学生身边的一个真实案例，一贯到底，通过角色扮演的方式，层层递进，引导学生思考“爱一行、干一行”与“干一行、爱一行”的关系。通过师生讨论，解答了学生的疑惑：找工作不能仅仅凭兴趣，要先干一行才能深入了解这一行从而爱上这一行，最终达到“精一行”的效果。教学过程中融入了“乐业、勤业、精业”等职业道德的内容，让学生懂得这些职业道德的具体要求，从而培养学生的“职业精神”和“健全人格”。本课教学的不足之处在于未能深入分析如何结合学生的专业真正实现“乐业、勤业、精业”，以及通过制作宣传画活动达到的教学效果不够明显。教师们还可以通过组织辩论赛和头脑风暴等活动形式进一步激发学生的思考，从而更好地实现教学目标。

议题6

职业有高低贵贱之分吗？

学生的困惑

1. 基层岗位就低人一等吗？

2. 如何在平凡岗位上做出不平凡的业绩呢？

教师的思考

【内容分析】

这是学生在学习《职业道德与法治》第二单元第五课《弘扬劳动精神、劳模精神、工匠精神》中经常提出来的问题。在现代社会，随着分工越来越细化，出现了各种不同的职业。不同职业的工作性质、内容和劳动报酬各不相同。习近平总书记说："长期以来，广大劳模以平凡的劳动创造了不平凡的业绩，铸就了'爱岗敬业、争创一流，艰苦奋斗、勇于创新，淡泊名利、甘于奉献'的劳模精神，丰富了民族精神和时代精神的内涵，是我们极为宝贵的精神财富。"[①]2020年7月，教育部颁发了《大中小学劳动教育指导纲要（试行）》的通知，该通知强调，劳动是创造物质财富和精神财富的过程，劳动是一切财富、价值的源泉，劳动者是国家的主人，一切劳动和劳动者都应该得到鼓励和尊重；倡导通过诚实劳动创造美好生活、

① 习近平总书记2013年4月28日在同全国劳动模范代表座谈时的讲话。

实现人生梦想，反对一切不劳而获、崇尚暴富、贪图享乐的错误思想。因此，在我们的教学中，要引导学生正确看待自己的工作岗位，立足平凡的岗位，才能为社会创造不平凡的业绩。

【学情分析】

中职学生毕业后从事的职业往往是基层岗位，这些岗位工作辛苦、报酬相对较低，这让很多学生产生了“职业有高低贵贱之分吗？”的疑问。作为老师，我们要思考如何引导学生从平凡的岗位做起，兢兢业业地工作，为社会发展作出自己的贡献。考虑到学生的学习情况，可采用主题演讲、角色扮演等方式，让学生感受劳动模范是如何从日常点滴做起，通过辛勤劳动、诚实劳动、创造性劳动展现出的精神风貌，养成良好的职业行为习惯。可结合实习实训，弘扬和践行“爱岗敬业、争创一流，艰苦奋斗、勇于创新，淡泊名利、甘于奉献”的劳模精神。

【目标分析】

通过本课的教学，引导学生了解劳动精神、劳模精神的内涵，理解新时代弘扬劳动精神、劳模精神的意义，充分认识到职业没有高低贵贱之分，任何职业都很光荣的道理，体会以先进模范引领道德风尚的重要性。本课的教学重点在于让学生认同职业不分贵贱，基层岗位同样能够做出不平凡的业绩。难点在于要引导学生自觉践行“服务群众、奉献社会”的职业道德规范，依托自己的专业为社会作贡献。

【教学设计】

以“职业有高低贵贱之分吗？”为议题，探索践行劳模精神的途径和方法。教师引导学生从身边的道德模范出发，选取了“道德楷模”黄文秀的案例，让学生明白职业不分贵贱，不管我们从事什么行业，只要我们做精、做好都可以为人民服务，为社会作出贡献。教学设计思路见表1。

表1 教学设计思路

环节	子议题	情境线	任务线	设计意图
创设情境	1. 基层岗位就低人一等吗?	榜样在身边——劳动模范案例分享	分享身边的榜样，描述感受和体验。	创设教学情境，引导情感体验。
引思明理	2. 平凡岗位意味着我们只能平庸吗?	黄文秀的岗位抉择。	通过黄文秀的岗位抉择，引导学生思考：基层岗位低人一等吗?	创设黄文秀的岗位抉择情境，引导学生理解职业不分贵贱。
	3. 如何在基层岗位做出“不平凡”的成就?	黄文秀在基层岗位上的“不平凡”成就。	通过黄文秀的成就案例，引导学生思考：如何在基层岗位上有所作为?	创设教学情境，引导学生体会基层岗位的“不平凡”成就。
感悟导行	4. 中职生应该如何服务群众、奉献社会?	诵读李大钊《青春》节选。	集体诵读，互相交流思考。	在“引思明理”的基础上，促进知信行的统一，立足岗位，做一名乐于奉献的新时代中职生。

教学过程

【激情导入】

榜样在身边——劳动模范案例分享

“一时容易，一世难”，在寻常岗位上的坚守和工作热情的保持对大多数人来说都是小但不简单的事。习近平总书记说过：“伟大出自平凡，英雄来自人民。把每一项平凡工作做好就是不平凡。”[①]

① 习近平2018年9月30日接见四川航空“中国民航英雄机组”全体成员时的讲话。

教师活动 课前教师布置同学们分小组收集身边的“平凡岗位”的案例，找一找自己身边或自己所知道的服务群众、奉献社会的人或事。（自己的父母、校园里的清洁阿姨或者自己曾在报纸、电视上看到过的奉献社会的人或事。）

学生活动 将身边的道德模范案例制作成PPT，在课堂中分小组展示出来。

教师活动（点评）

在我们的身边有这样一群人：他们没有闪光耀眼的名字，却在各自的岗位上默默耕耘；他们没有华丽动人的外表，却有着一颗真诚善良的心；他们没有辉煌的成绩，却有着实现目标的坚强毅力；他们没有慷慨的豪言壮语，却有着朴实无华的言行；他们虽然默默无闻，但在平凡的岗位上努力奉献，他们是值得我们学习的道德模范。

【引思明理】

1. 岗位抉择

1989年，黄文秀出生于百色市田阳县一个农民家庭，由于父母亲身体不好，家境贫寒，在国家助学政策帮助下才完成了学业。黄文秀的父亲黄忠杰说：“我曾经和她说，没有共产党，我们家不可能脱贫，不可能有今天的生活，一定要入党。”2008年，黄文秀考入山西长治学院，入学军训刚结束，她就积极申请入党，递交入党申请书。“只有把个人的追求融入党的理想之中，理想才会更远大。我迫切要求加入中国共产党。”“没有政府的扶贫资助，家里不可能供我来上大学。我选择读思政专业，选择加入党组织，是发自内心的。”她的入党申请书深情而坚定，虔诚而执着。2011年6月，品学兼优的黄文秀如愿光荣地加入了中国共产党。

了解黄文秀的人都说，她是一个非常懂得感恩的人。当年她靠着党和政府的帮扶一步步读完初中、高中和大学，走出大山，来到首都，增长了学识，开阔了视野。她虽求学远方，却立志回到家乡、建设家乡。从她的硕士论文《广西壮族传统文化中德育资源的开发——以传扬歌校本课程开发为例》不难看出，她的心一直惦记着家乡，惦记着养育她的大山。斯土斯民，情之所系。2016年从北京师范大学硕士研究生毕业后，黄文秀主动放弃大城市的工作机会，毅然加入广西选调生队伍，回到生她养她的家乡，成为革命老区、民族地区的一名普通干部。

阅读黄文秀的案例，引发学生思考下列问题：

问题一：黄文秀为什么放弃了北京的工作机会回到农村做一名基层干部呢？

问题二：如果你是黄文秀，你会选择留在大城市做白领还是回农村基层工作？

教师活动（点拨）

黄文秀放弃了大城市的工作机会，在脱贫攻坚第一线倾情投入、奉献自我，用美好青春诠释了共产党人的初心和使命，谱写了新时代的青春之歌。

学生活动（讨论）

✧ 黄文秀放弃了大城市的高薪工作回到家乡做一名基层公务员，是伟大的选择。

✧ 我觉得黄文秀如果留在北京工作，也可以为社会作贡献的。但是农村更需要她，所以她放弃了大城市的生活回到农村，这点值得我们学习。

✧ 再基层的岗位，只要踏踏实实去做，也能干出“不平凡”的业绩。

✧ 我觉得年轻人就应该从基层岗位做起，踏踏实实为人民服务，这样才能实现我们的人生价值。

✧ ……

教师活动（总结）

黄文秀以短暂而充实的一生，书写了新时代青年的生命意义和共产党人的初心使命，奔跑出最美的英姿。

设计意图：该部分的教学设计要让学生明白职业不分贵贱，不管我们从事什么行业，只要我们做精、做好都可以为人民服务，为社会作出贡献。

2. 平凡岗位上的“不平凡”

石山林立的百坭村是个深度贫困村，全村472户中有贫困户195户，且全村11个自然屯位置分散，多个屯距离村部都在10千米以上。为了能尽快进入工作状态，出发前的黄文秀总是往有驻村经历的同事那里跑，请教工作经验和方法。

为了拉近与群众的感情，黄文秀到了村民家不再直接问东问西，而是脱下外套，要么帮忙打扫院子，要么到地里做农活，帮他们摘砂糖橘、收玉米、种油茶等，一边干农活一边商量脱贫之计。

在扶贫日记里，黄文秀记录了自己的进步，也记录了贫困山村点点滴滴的变化。她还绘制了百坭村“贫困户分布图”，每一户的住址、家庭情况都记得一清二楚。

6月16日，黄文秀利用周末回家看望做完第二次手术的父亲后，就急着返回百坭村。病床上的父亲忍不住担心，“文秀，天气预报说晚上有暴雨，现在开车回村里不安全，明早再回吧？”“正因为有暴雨更得赶回去，怕村里受灾，我马上得走了。”面对父亲的挽留，黄文秀叮嘱了一句“按时吃药”后，启程回村。

一路风雨，一路艰辛。在她最后用手机拍摄的视频里，山路上电闪雷鸣，暴雨如注，洪水淹没路面。危险正在靠近，但黄文秀选择向着自己牵挂的群众前进。

为了解决道路对村里发展的制约，黄文秀实地勘查，带着村干部和群众做方案、拿对策，积极申请、推进项目。

为了解决山里缺产业问题，她带领村干部和群众学经验、找路子，立足当地资源，大力发展杉木、砂糖橘、八角、枇杷等特色产业。

为了打开销售渠道，黄文秀带着全村发展电商，仅砂糖橘去年在电商上就销售20000多千克，销售额达到了22万元。

为了解决村民生产生活用水问题，黄文秀带着大家修建蓄水池、渡槽……

百坭村驻村工作队员黄韦程记不清黄文秀在村里熬了多少夜。“她一直提醒我们，要时刻把群众的困难放在心里，把工作做在前面。”

如今，百坭村道路通了，产业旺了，用水方便了，山上果实累累，村容村貌焕然一新，而斯人已去。

继续阅读黄文秀的案例，引发学生思考下列问题：

问题一：黄文秀做出了哪些不平凡的业绩?

问题二：黄文秀身上有哪些值得我们学习的品质?

教师活动（点拨）

出身农村的黄文秀选择了回到农村为老百姓服务，把尽力提高老百姓的生活水平作为自己的工作目标。在平凡的岗位上，她做出了不平凡的业绩。

学生活动（讨论）

✧ 黄文秀的奉献精神、服务群众的精神值得我们学习。

- ✧ 黄文秀放弃了城里的安逸生活，选择回到自己的家乡农村，她一心为了群众，努力带领群众脱贫致富，是百姓心目中的好村干部。
- ✧ 虽然黄文秀只是一个基层工作人员，但是她立足自己的岗位，为老百姓做了很多实事，是很值得我们学习的。
- ✧ ……

教师活动（总结）

黄文秀同志放弃了城里优越的生活条件而选择来到农村成为一名基层工作人员，她全心全意服务群众、奉献社会，是我们学习的好榜样。在为群众服务、奉献社会的过程中，她不仅得到了事业的成功，还实现了心灵的满足，以及道德境界的提升和人格的升华。

教师活动（点拨）

黄文秀同志在自己平凡的岗位上做出了不平凡的业绩，成了我们学习的道德模范。请同学们结合自己的专业好好思考，你们将来可以为社会作出哪些贡献呢?

学生活动（讨论）

- ✧ 我是学食品专业的，我希望将来自己能够经营一家社区小饭馆，为社区的居民提供安心健康的饭菜。
- ✧ 我希望我将来成为一名出色的食品检测人员，为大家的健康食品保驾护航。
- ✧ 我的梦想是成为一名出色的甜点师，我要把幸福和甜蜜带给大家。
- ✧ ……

教师活动（总结）

职业不分贵贱，每一份职业都是社会所需要的，也是值得尊重的。希望我们的同学能够立足自己的专业，从基层做起，为人民服务，为社会作贡献，成为具有社会价值的优秀中职毕业生。

【感悟导行】

诵读李大钊《青春》节选

吾愿吾亲爱之青年，生于青春死于青春，

生于少年死于少年也。

…………

进前而勿顾后，背黑暗而向光明，

为世界进文明，为人类造幸福。

以青春之我，创建青春之家庭，

青春之国家，青春之民族，

青春之人类，青春之地球，

青春之宇宙，资以乐其无涯之生。

教师活动（点拨）

李大钊的《青春》告诉我们应该如何选择自己的职业呢？

学生活动（讨论）

✧ 工作的意义不仅仅在于实现自己的个人价值，更重要的是实现社会价值。

✧ 青春是我们最大的财富，我们要好好利用这笔财富为社会作贡献。

✧ 我们不能虚度光阴，要珍惜青春，让青春在为人民服务的过程中熠熠生辉。

✧ ……

教师活动（总结）

青春，需要我们在平凡岗位上敬业奉献，书写勇于担当的青春答卷。因此，我们要立足于自己的岗位，不断进取、努力提升，奉献自己、回报社会。

设计意图：通过诵读李大钊《青春》节选，让学生们明白这个社会上绝大多数人从事的都是平凡的职业，但正是因为大家在各自的岗位默默奉献，辛苦耕耘，才有了社会的进步和发展。不管将来要从事什么样的工作，学生们都要首先立足工作岗位，爱岗敬业，根据岗位的需求进行创新和调整，才能真正做到“干一行、爱一行”和“爱一行、干一行”。

教学反思

中职毕业生的就业起点大多是基层岗位，很多学生都会有“平凡岗位意味着我们只能平庸吗？”“基层岗位就低人一等吗？”这样的困惑。本次教学以“职业有高低贵贱之分吗？”为议题，探讨了践行劳模精神的途径和方法。通过身边的道德模范案例分享，让学生们感受劳模精神，从点滴做起、辛勤劳动、诚实劳动。通过劳动模范黄文秀的案例学习和探究，让学生们能够体会到工作的价值不仅仅是物质回报，更多的是社会价值和精神贡献，再基层的工作也能够服务群众，创造出不平凡的业绩。通过本课教学，引导学生养成良好的职业行为习惯，培养学生的“职业精神”和“健全人格”。本次课程的教学目标达成度较好，不足之处在于没有引导学生结合自身实际、深入分析自己的专业和行业。

议题7

礼仪真的决定成败吗?

学生的困惑

1. 职场交往中，礼仪的重要性是什么?

2. 如何在职场交往中做到注重礼仪?

教师的思考

【内容分析】

“人无礼无以立，事无礼无以成。”本课旨在培养学生注重礼仪细节，体会礼仪在日常生活和工作中的重要性。通过与学生职业相契合的手势礼仪，激发学生的学习兴趣，体悟礼仪让生活更美好的意义。通过老师的演示，向学生传递服装销售手势礼仪及语言表达的“内外兼修”，并使学生在形象化、互动式的教学中获得职业礼仪知识，形成良好的行为习惯。

【学情分析】

当前，部分学生对礼仪重要性的认识还不够充分，认为只要学好专业就可以了，对礼仪的认知和理解较为模糊；部分学生认为自己对礼仪可以灵活理解和使用，但现实生活中很难做到礼仪的相关要求，很难将礼仪知识转化为现实行为。

【教学目标】

通过本课教学，引导学生了解手势礼仪的重要性，能够在生活和未来职场中践行手势礼仪，进一步理解“细节决定成败”的道理，从而感悟礼仪修养是一种非常重要的品质，进而主动提升自我礼仪修养，关注做人做事的细节，进一步培育精益求精的品质。

【设计思路】

通过对比演示、教师示范和学生演练，引导学生掌握掌式手势的具体手位要点。通过对每个要点背后道德含义的讲解，让学生知其然并知其所以然。通过示范和模仿，使得学生进一步掌握要点，巩固技能。通过对手势与体态、表情配合的讲解，让学生感悟到“心有所思，手有所指”的真谛。通过对比演示，让学生更加直观地看到在指示他人时手势的变化，通过对手势变化的讲解，让学生更深层次地体味手势礼仪所体现的真诚情感意义。教学设计思路见表1。

表1　教学设计思路

环节	子议题	情境线	任务线	设计意图
情境导入	1. 哪一种指人手势更得体?	课堂现场的教师演示。	分析不同的手势，谈感受和体验。	情感体验是什么?
引思明理	2. 不文明的手势会带来哪些不良影响?	播放教学视频《大志的“荒唐”面试》。	合作探究，讨论。	案例分析为什么?
感悟导行	3. 手势礼仪在生活中如何运用?	观看视频，模仿教师演示。	学习践行。	模拟实践怎么做?

教学过程

【情境导入】

情景一：正确的掌式手势礼仪指示学生

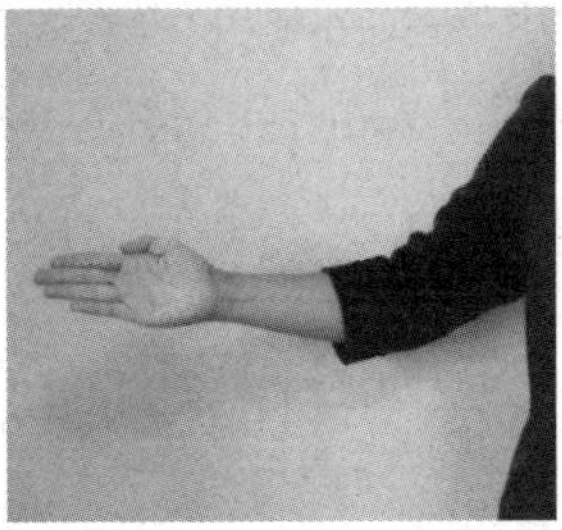

情景二：错误的手势指示学生

教师点拨

大家喜欢哪一种手势？为什么？

学生回答

第一种手势感觉比较受到尊重，第二种手势感觉在指责并带有情绪。

教师小结

礼仪对人际交往有着重要的影响，注重细节有利于提升自我形象，构建和谐的人际关系。

课堂活动

学生自主讨论社会中的一些不文明手势所带来的不良影响。

教师启发

不良手势会给交往双方带来怎样的影响？

学生回答

学生1：不良手势是一种无言的伤害。

学生2：容易让人对其产生厌恶情绪。

学生3：会给人一种特别没有素养的印象。

学生4：给人特别不尊重人的印象，有可能还会导致他人误解。

学生5：哪怕是在说一些赞美人的话，但是手势用错了还是会让人觉得不舒服。

教师小结

不良的手势可能会让他人对我们产生误解甚至厌恶；相反，正确的手势更有助于信息传递。因此，注重手势的细节在交往中十分重要。

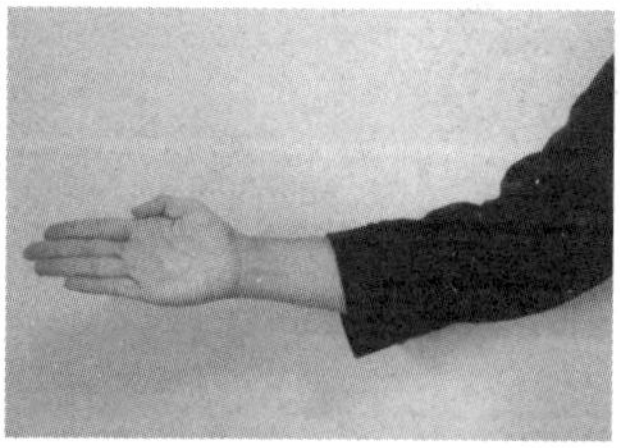

手势顺口溜

掌心向上45°
手指合并不留缝
手与小臂一条线
自然优雅不拘谨

学生活动 背诵顺口溜并体验学习。

教师活动 纠正学生手势。

设计意图：学生通过立体的对比，分析不同的手势，谈感受和体验，初步感知人际交往礼仪中细节的重要性。教师示范礼仪手势并带领学生根据顺口溜一同学习正确的手势。

【引思明理】

播放教学视频《大志的“荒唐”面试》。

视频主要内容

刚刚从中职学校毕业的学生大志接到面试电话，面试的岗位是客户管理。大志很激动也很开心。面试当天，大志同学精心打扮了一番，面试开始后大志直接把简历用一只手递给面试官们，随后交流中大志习惯性地用食指指向面试官，行为举止随意浮夸，最终导致面试失败。

教师点拨

大家觉得视频中大志的问题在哪里？

学生回答

他的那根手指太不礼貌了，直接指向面试官，让人觉得很不舒服。

教师提问

如果是你，你会怎么做？请上台演示一下从递简历到介绍自己的手势运用。请学生上台演示并点评。

学生点评

运用手势礼仪不仅体现了对他人的尊重，也体现了对自己的尊重，可以为自己赢得好感。

教师小结

面试中的一举一动都能体现出一个人的整体素养，因此礼仪细节显得尤为重要。职业礼仪中的细节是求职过程中的一个通行证，也是同学们未来职场之路顺畅的必要条件之一。

设计意图：通过视频创设教学情境，在学生的讨论、示范中明晰人际交往的礼仪细节在未来职场中的重要性。

【感悟导行】

正确手势指示方向

教学视频

体味掌式手势在指示方向时的变化及与体态、表情的配合。

视频1：曲臂式

视频2：直臂式

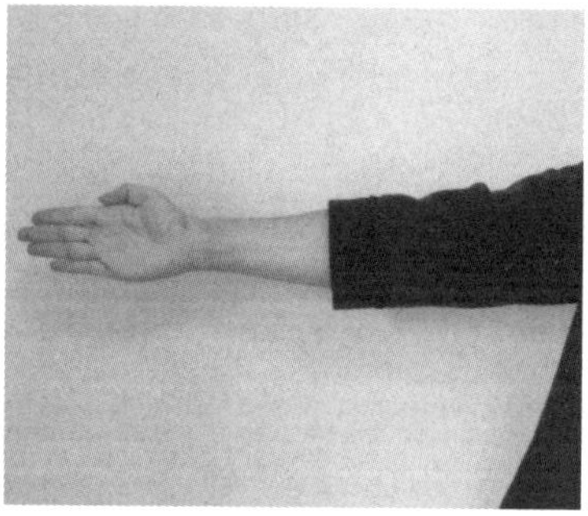

学生活动 根据视频总结两种指示方向的细节要点。

学生总结

曲臂式——肘关节自然弯曲约140°。

直臂式——手臂完全打开略低于肩膀。

教师补充

标准站姿（二位或四位），体态前倾，眼神与客人对视后转向所指方向后收回，面带微笑。

学生练习

配合语言：您好，这里是会议室。（曲臂式）

您好，那边是体育馆。（直臂式）

教师活动 带领学生做三遍后观察纠正学生指示方向的细节是否到位。

正确手势指示人和递接物品。

教师示范

指示人： 单手掌式：如请起、请坐。手势细节（手位有起落）

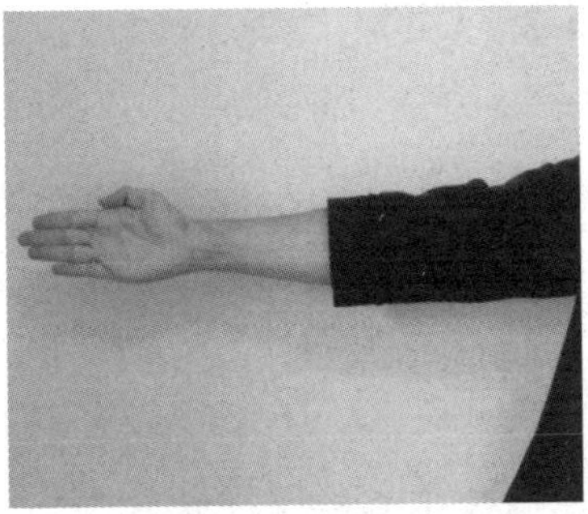

递接物品：手势细节（双掌式，物品正面给对方，面带微笑）

学生活动 两人为一组相互指示请起、请坐，相互递送书本。

教师活动 观察和纠正。

➲ 情景剧活动

1. 服装销售场景：进门接待——送入试衣间。
   试衣间——沟通答疑。
   成交——送别。
2. 满分10分。
3. 讨论3分钟，展示3分钟。
4. 一组表演时，其他两组打分并记录。

学生活动 以小组为单位排练手势情景剧并上台表演，其他组学生观察打分并说明打分理由。

教师活动 观察并总结。在职场中注重细节的重要性有三个方面：

1. 表达友善、尊重的思想情感。

2. 拉近人际交往距离。

3. 体现个人形象、职业形象。

教师点拨

生活中，很多人都会不自觉地伸出一根手指来指人或指物。我们都知道有些手势是不文明的，但仍然会不自觉地运用。这说明什么问题呢？有时候，我们知道自己应该做什么，但未必能做到。不文明的行为举止会传递，文明的行为举止也会传递。我们需要从自己做起，成为讲文明、有礼仪的人。通过表演情景剧，大家认为作为服装销售专业的学生，手势礼仪的细节重要吗？

学生回答

学生1：销售也是一种服务，作为服装销售专业的学生，我们应该注重服务细节。

学生2：我们通过手势的细节可以表达对客户的尊重，让客户有更好的购物体验。

学生3：看似是手势的细节，其实传递的是一种发自内心的尊重和爱。

教师小结

在销售工作中，手势是与顾客交流必要的辅助手段。适当地运用具有美感的掌式手势礼仪，可以营造和谐的销售氛围，表达对顾客的敬意与诚意，拉近与顾客之间的距离，并增强销售中的艺术感染力。除了销售工作中的手势礼仪，在日常学习和生活中很多方面都关乎礼仪。一个小的礼仪细节做到位了，可以为个人的素养加分，促进人际关系的和谐，因此，同学们应该从现在开始关注细节，从小事做起，努力成为一个讲文明、知礼仪、重细节的新时代中职生。

设计意图：在观察模拟和全员演练中学习掌式手势礼仪；通过纠正动作要领，让学生知其然并知其所以然地感受手势所传递的情感信息，激发学生的学习兴趣和情感，提升职业素养。

教学反思

本课聚焦学生现实生活中“不注重礼仪”的真问题，结合中职学生年龄特点和专业学习实际，创设良好的职场情境和人文语境。通过教师良好的“形、情、美”的掌式手势礼仪基本手位演示，让学生在观察模拟、全员演练、纠正动作要领中学习掌式手势礼仪，激发学生的学习兴趣和情感。本课以小见大，引导学生理解礼仪在生活和职场中的重要性，不仅要做一个知礼仪的人，更要做一个践行礼仪的人。

议题8

如何做到自我约束？

学生的困惑

1. 为什么要自我约束？

2. 生活中很难做到自我约束怎么办？

3. 如何立足专业，养成良好的职业行为习惯？

教师的思考

【内容分析】

自我约束历来是古代先贤所推崇的高尚品质，也是中职学生亟须加强的重要素养。本课重在引导学生理解内省、慎独的重要意义，并践行自我约束。只有管住自己、管好自己，注重自我养成，强化自律自省，才能担起肩上的重任。

【学情分析】

当前，中职学生普遍缺乏内省的意识和习惯，部分同学在行为规范方面的自觉性不强，有些学生的自控能力较弱。因此，要通过对身边道德模范的学习，认识到职业道德重在养成，理解内省、慎独在职业道德养成中的重要意义，从而增强自觉培养良好行为习惯的意识。

【教学目标】

感悟自我约束的力量，知晓自我约束的重要性；通过优秀同龄人的事例，激发自我约束的意识，增强自我约束性的自觉性；将所学内容运用到职业行为习惯的养成上，真正做到知行合一。

【设计思路】

以身边案例和榜样案例剖析为主线，引领学生立足自身实际，深入思考，引起情感共鸣。引导学生对自我行为进行深入反思，立足职业行为习惯的养成，认识自我约束的重要性并践行自我约束。教学设计思路见表1。

表1 教学设计思路

环节	子议题	情境线	任务线	设计意图
案例导入	1. 无人监考考场的感受？	分析社会诚信事件的案例。	合作探究，讨论。	创设情境，激发学习兴趣。
引思明理	2. 分析讨论案例，体会陈子烽的成功和自我约束的关系。	榜样案例，引发共情。	学习感悟。	榜样示范，分析自我约束的重要性。
感悟导行	3. 如何落实行动计划，养成良好的职业行为习惯。	设计职业行为习惯，遵守打卡制度。	体验践行。	结合专业，引导养成自我约束的好习惯。

教学过程

【案例导入】

诚信考场

某校在期末考试中采取了无人监考的方式。考试前，学生需要签订《诚信考试承诺书》。考试过程中，监考老师除了收发试卷便不再露面，考场巡视人员进行不定时巡视，并解答学生在答题过程中遇到的相关问题。共有198名学生参加了无人监考考试，考场秩序良好。

本次考试的有关负责人说，所谓“无人监考”只是没有了传统意义上的监考人员，无形的监督依然存在。此举体现了学校对学生的尊重，学生在充分的信任下自己给自己监考、同学之间互相监督。无人监考不仅是对诚信和价值观的考验，同时，也是对学生道德水准的检验，有助于弘扬良好的道德行为。这对培养和形成“诚信光荣、作弊可耻”的良好考风、学风，以及建立全新的师生关系有着重要意义。

教师点拨

“无人监考”考验了学生什么样的品质？

学生回答

自觉性很重要，不管有没有人监督都应该自觉、诚信。

教师设疑

“无人监考”就是将他律变为自律。以小组为单位谈一谈在成长过程中，有没有通过自律养成了一些良好的习惯？过程是怎样的？

学生讨论并分享

学生1：以前我不爱运动，运动时总是“三天打鱼，两天晒网”。但是后来我决心通过运动让自己体质变好，于是我给自己做了详细的运动计划表，每天到时间就去运动，不给自己一点儿懒惰的借口和理由，最终养成了热爱运动的良好习惯。

学生2：我学习英语的时候，每天都坚持背诵单词，刚开始是为了应付老师的检查，后来我把每天背诵单词作为自己的学习习惯，每天坚持背诵和默写，英语成绩得到了很大提升。

教师小结

这些案例正说明了自律的重要性。

每一个良好习惯的养成都有一个过程，这个过程主要依靠个人的自我约束和自我激励。良好的自我约束不仅能让我们养成良好的行为习惯，更能让我们实现自我成长。通过同学们的分享，我们发现，自我约束并不难，而且对我们有好处，很多同学都可以做到，所以大家要树立信心。

设计意图：通过对社会诚信事件的分析和感悟，激发学生对自我约束的初步感受和体会。通过畅谈自己的成长经历，深刻认识到自我约束的重要性。

【引思明理】

砌墙砌成世界冠军

在俄罗斯喀山举办的第45届世界技能大赛上，广州市建筑工程职业学校学生陈子烽夺得砌筑项目金牌，让中国蝉联该项目冠军。

地面堆满了砖头、砂浆和训练砌筑的墙体，空间里布满了粉尘，室内没有安装空调……与其说这里是世界冠军的集训基地，倒不如说它是一个简易的"训练棚"，夏天训练时犹如置身蒸笼。世界冠军陈子烽就是在这样的环境中训练的。在酷暑下，训练难度尤其大：砂浆被晒得格外烫手，陈子烽砌砖时手会被烫破；只要在这里待上几分钟，他的整件衣服都会湿透，但他一天要待上8个小时；蚊虫很多，有时候蚊子的一日三餐都由他"承包"。

在不少人看来，砌墙是一门脏活累活，但是陈子烽把它当成一门艺术。他日复一日地进行着看似枯燥的训练，几乎从不出去玩耍，每天除了训练就是训练。在这样的勤奋训练下，陈子烽一路参加了省赛、国赛，过关斩将，以正选选手的身份代表中国队参加世技赛砌筑项目比赛。

在充足的准备下，陈子烽在比赛第3天的最后2个小时“爆发”了，砌第5个作品时速度飞快。他在2个小时里砌了150块砖，平均每48秒砌一块砖，勾缝、调整、清洁等多个环节一气呵成。而根据赛事时长要求，选手每砌一块砖大约需要用时120秒。飞快的砌砖速度让陈子烽有了更多的时间精心完成作品。经过长达4天共22小时的比赛，到8月27日，陈子烽砌出了5面高标准、高精度、高颜值的艺术墙，以81.25的高分夺得砌筑项目金牌，与第二名拉开4分的距离。

“2017年11月15日至2019年8月27日，650天的努力没有白费。训练180个作品，加上世技赛的5个作品，一共砌了185个作品，感谢努力的自己。”夺冠后，陈子烽发了一条朋友圈。他说，尽自己最大的努力，而后才能“听天由命”。

教师提问

陈子烽的事迹让你印象最深刻的是什么?

学生回答

他几乎从不出去玩。

在那样艰苦的环境中能够承受住寂寞，努力练习。

教师启示

这需要什么品质才能够让他这样坚持下去?

学生回答

努力、不怕苦、坚定、毅力。

教师启示

这些都是一种强大的自我约束能力。

教师提问

在什么情况下最需要自我约束能力?

学生回答

在坚持不下去的时候更需要自我约束。

教师小结

是的，坚持不下去的时候更需要强大的自我约束力，这也是陈子烽取得冠军的关键因素之一。

设计意图：通过同龄人的事迹引发共情，感悟自我约束能够带来成功，鼓励学生从现在起做到自我约束，向榜样学习。

【感悟导行】

教师发布任务

制订我的职业行为习惯和打卡表。

具体要求

1. 以小组为单位讨论并梳理自己所学专业对应的职业行为习惯。
2. 列出一个月内可以培养的3~4个职业行为习惯。
3. 以小组为单位制订行为习惯打卡表。
4. 课后进一步完善课上制订的职业行为习惯打卡表，并坚持打卡。

设计意图：通过讨论分析职业行为习惯，引导学生认识自我约束在未来职业中的行为表现，并从学生时代努力践行，将对自我约束的认知转化为行为习惯。

教学反思

本课通过案例研讨、榜样引领、行为打卡三个教学环节，在引导学生明晰自我约束重要性的基础上，通过向榜样学习、列出行动计划等方法，启发和鼓励学生加强自律，取得了较好的教学效果。在后续的教学跟踪中，发现相当一部分学生较好地完成了列出的计划，还有少部分学生并未真正做到自我约束。可见，自我约束力的培养是一个长期的过程，需要学校、家长和学生共同努力，特别是在教学活动外，需要继续鼓励和激发学生培育优良品质的习惯，形成课上与课下、家庭与学校协同育人的良好局面。

议题9

法治如何让生活更美好？

学生的困惑

1. 党的十八大以来我国法治建设取得了哪些新成就？
2. 与我们生活密切相关的法律有哪些？
3. 如何做遵纪守法的中职生？

教师的思考

【内容分析】

本课重点介绍党的十八大以来我国社会主义法治建设的历程、成就，以及与学生生活息息相关的法律，体悟到法治对美好生活的保障作用，从而坚定走中国特色社会主义法治道路的信心。

【学情分析】

随着年龄和阅历的增长，中职二年级学生的社会经验和见闻不断丰富，他们能感受到法治与生活息息相关。然而，他们对法治保障作用的认识不够深刻，在实践中运用法律的意识不强。

【目标分析】

通过观看视频和角色扮演，探讨“法治让生活更美好”的主题，逐步明晰了法治的价值与意义。通过分组辨析、合作探究，并结合具体案例，分析并体会法律在现实生活中的作用，提高从法律角度分析和思考现实问题的能力，坚定了尊法学法守法用法的信念。

【设计思路】

课前让学生收集并整理我国自党的十八大以来在法治建设方面的成就，了解法治作为国家治理方式的演进过程。以“遛狗不拴绳”的案例创设教学情境，引导学生了解《中华人民共和国民法典》等法律如何深刻影响我们的生活。当自身合法权益受到侵犯时，学生应懂得运用法律武器来捍卫自己的权益，成为学法、用法、守法、护法的好公民。教学设计思路见表1。

表1　教学设计思路

环节	子议题	情境线	任务线	设计意图
创设情境	1.党的十八大以来我国法治建设取得了哪些新成就？	视频：《法治中国》 ● 党的十八大以来我国法治建设取得了哪些新成就？	● 观看视频 ● 分析整理	创设教学情境，通过观看视频，收集整理党的十八大以来我国法治建设取得的新成就，增强了学生对国家法治进程建设的政治认同感。
引思明理	2.与我们生活密切相关的法律有哪些？	● 与我们生活密切相关的法律有哪些？	● 合作探究 ● 角色扮演 ● 小组辨析 ● 分享交流	通过列举法律、角色扮演、辨析观点等形式，让学生充分体会到完善的法治体系才能保障社会的正常秩序，才能让我们的生活更美好，促进学科知识与生活经验相结合，回应学生的困惑。

（续表）

环节	子议题	情境线	任务线	设计意图
感悟导行	3.如何做遵纪守法的中学生？	● 如何做遵纪守法的中学生？	● 合作探究 ● 自由交流	引导学生运用法律维护自身合法权益，培养守法、权利和规则意识，激发学习法律的热情，提高学生的法治意识。

教学过程

【创设情境】

教师活动 播放视频《法治中国》片段，展示情境。

教师活动（设问）

观看视频，说一说党的十八大以来我国法治建设取得了哪些新成就？

学生活动 观看视频，思考议学问题。

教师活动（设问）

你是如何理解法治与生活的关系的？

学生活动（讨论回答）

生1：法治是时代进步的标志，是人们追求美好生活的内在要求。

生2：因为现在是法治社会，所谓无规矩不成方圆，只有有了法律的约束，人们的生活才会有秩序，因此才会生活得更美好。

生3：只有法治才能对不法行为进行打击和规范，才能保证人民安居乐业。

教师活动（小结）

生活的美好，不仅仅在于物质的丰富，更在于社会的公正，每一个个体的合法权益能够得到有效的保障。法治就在我们身边，为我们生活保驾护航，我们的生活需要法治。

设计意图：通过观看视频，学生收集整理党的十八大以来我国法治建设取得的新成就，让学生感受到新时代国家推动建设法治中国的决心和信心，也能体会到我们的社会秩序时刻需要法律来维护。这既传递了思政课的时代信息，又增强了学生对国家法治进程建设的政治认同感。

【引思明理】

教师活动（设问）

美好的生活需要法治来保障。你能列举出与我们生活密切相关的法律吗？

学生回答

《中华人民共和国民法典》《中华人民共和国未成年人保护法》《中华人民共和国预防未成年人犯罪法》《中华人民共和国反食品浪费法》等。

教师点拨

在全面依法治国的伟大进程中，我们看到立法更加科学，执法更加规范，司法更加公止，人民群众守法意识也不断增强。如果没有法律保护，我们的生活会怎样？教师展示相关材料。

展示议学材料：

遛狗未拴绳，狗咬伤人，谁的责任？

王女士带宠物比熊犬在小区遛弯，见周围没人，她便解开了拴比熊犬的绳子。此时，王女士接到客户的电话，于是一边接电话……

不久，她听到不远处传来犬吠及叫喊声。抬头一看，发现是自己的狗咬人了！原来是路过的张三被王女士的比熊犬咬伤。经询问与张三同行的李四得知，张三想抱比熊犬，比熊犬不配合，张三便用包砸比熊犬，结果被咬伤。

张三认为王女士遛狗时不拴绳，导致他被咬伤，需由王女士支付全部医疗费。

王女士认为，张三被咬伤的原因是他逗狗、砸狗在先，拒绝支付医疗费。

两人争执不下……

教师活动（设问）

遛狗未拴绳，狗咬伤人，该由谁来担责呢?

学生活动（讨论回答）

班级学生可以通过角色扮演分组讨论回答。

教师活动 播放视频《一分钟带你了解〈民法典〉：饲养动物致人损害》《动物防疫法：2021年5月1日起遛狗不拴绳？违法！》。

学生活动 观看视频，查阅相关法律条文，思考问题：从《中华人民共和国民法典》到《中华人民共和国动物防疫法》专门法的出台，对饲养动物造成他人损害的侵权责任认定，进行了哪些明确的规定?

学生回答

学生1：《中华人民共和国民法典》第一千二百四十五条 饲养的动物造成他人损害的，动物饲养人或者管理人应当承担侵权责任；但是，能够证明损害是因被侵权人故意或者重大过失造成的，可以不承担或者减轻责任。

学生2：《中华人民共和国民法典》第一千二百四十六条 违反管理规定，未对动物采取安全措施造成他人损害的，动物饲养人或者管理人应当承担侵权责任；但是，能够证明损害是因被侵权人故意造成的，可以减轻责任。

学生3：《中华人民共和国民法典》第一千二百四十七条 禁止饲养的烈性犬等危险动物造成他人损害的，动物饲养人或者管理人应当承担侵权责任。

学生4：新修订的《中华人民共和国动物防疫法》中规定：单位和个人饲养犬只，应当按照规定定期免疫接种狂犬病疫苗，凭动物诊疗机构出具的免疫证明向所在地养犬登记机关申请登记。携带犬只出户的，应当按照规定佩戴犬牌并采取系犬绳等措施，防止犬只伤人、疫病传播。

教师活动（小结）

养狗就要遛狗，遛狗就要牵绳，而不牵绳对他人造成伤害的，势必要承担法律责任。一些养狗人遛狗不牵绳，理由是觉得自己的狗性格温顺不咬人，但是公众需要的不是“你觉得”，即便自家养的狗温顺，也不能成为不牵绳的理由。

养狗是公民权利，但这种权利是有条件和限制的，特别是当养狗与公共利益发生冲突时，养狗人应当规范自己的行为，履行相应的义务。简而言之，养狗人要守住权利边界。归根结底，在法律框架内构建合乎法治的关系，才能于己、于人都有益，各得其所，相安无事。

针对本案，王女士应承担主要责任。正是因为法律的明确规定，才使此类纠纷得以解决，也规范了养狗人的行为，这是法治让生活更美好的一个缩影。

设计意图：通过列举法律条款、辨析不同观点的形式，让学生充分体会到，只有完善的法治体系才能保障社会的正常秩序，进而让我们的生活更美好。这种做法促进了学科知识与生活经验的结合，回应了学生的困惑。

【感悟导行】

教师活动（设问）

结合生活实际，如何做遵纪守法的中职生？

学生活动（讨论回答）

可以从不能违法、建立自己的行为清单、互联网不是“法外之地”（不能“网暴”、不做“键盘侠”）、学法守法用法等角度思考。

设计意图：结合日常生活，多角度培养学生养成遵纪守法的习惯。

教学反思

本节课围绕“法治如何让生活更美好？”这一议题，引导学生在情境体验中探寻法治如何守护我们的生活，从而激发学生学法、守法、用法的自觉性和积极性。本课也存在一些不足，在阐述法治的科学内涵时，由于条文比较抽象和理论化，教师讲解的内容较多。应该更多发挥学生的主体作用，通过活动的形式，让学生和教师在共同探究中达成共识。这样，学生才能更深刻地理解我国建设社会主义法治国家的深刻意义。

议题10

为什么科学立法离不开公民参与?

学生的困惑

1. 一部法律是如何诞生的?

2. 公民个人参与立法的途径有哪些?

3. 如何有效参与立法?

教师的思考

【内容分析】

全面推进依法治国是一个系统工程，是国家治理的一场深刻革命。实现全面依法治国目标，必须做到科学立法、严格执法、公正司法、全民守法。本课围绕科学立法的内涵、公民参与立法的途径等内容，引导学生认识到科学立法离不开公民参与。

【学情分析】

中职二年级学生已经具备一定的法治相关知识储备，乐于分析社会生活中的具体案例。在学习本课内容之前，学生对于“法治理念与法治精神”的理解普遍停留在“遵纪守法”层面，而对于立法机关、立法过程和科学立法等问题及其意义的认识不足。因此，他们提出了“一部法律是如何诞生的？”“公民个人参与立法的途径有哪些？”“如何有效参与立法？”等疑问与困惑。

【目标分析】

1. 通过梳理我国民事领域立法进程及《中华人民共和国民法典》（以下简称《民法典》）的编纂历程，明晰我国的立法工作经历了从“有法可依”到“科学立法”的转变，对国家立法工作所做的努力持肯定态度，涵养政治认同。

2. 了解公民参与立法的途径和方式，增强在日常生活中积极为国家立法建言献策的意识和能力，提高政治参与意识。

【教学设计】

本课尝试结合《民法典》的立法实践、我国其他法律的立法等，引导学生开启由个性到共性的思考，明确开门立法、鼓励公民参与立法符合科学民主立法的要求，充分保障了公民参与政治的权利。通过身边的公民参与立法的实例，帮助学生了解参与立法的途径，理解公民参与立法有利于科学立法、提高立法的质量，从而增强学生在日常生活中积极为国家立法建言献策的意识并予以实践，提高政治参与意识，培育学科核心素养。教学设计思路见表1。

表1　教学设计思路

环节	子议题	情境线	任务线	设计意图
创设情境	1. 一部法律是如何诞生的?	创设情境，展示议学材料。 ● 一部法律是如何诞生的?	● 自由交流 ● 分析材料，提取关键信息。	通过小组探究我国民事领域先制定单行法再编纂《民法典》的立法过程，理解我国立法过程经历了从“有法可依”到“科学立法”的飞跃，继而从历史的角度理解科学立法的内涵。

（续表）

环节	子议题	情境线	任务线	设计意图
引思明理	2. 公民个人参与立法的途径有哪些?	● 公民个人参与立法的途径有哪些?	● 合作探究 ● 分享交流	通过对开门立法、公民参与立法等实例的讨论和探究，理解公民参与立法的意义和途径，深刻感悟中国共产党在领导国家法治建设过程中坚持科学立法与民主立法相统一原则。
感悟导行	3. 如何有效参与立法？	● 如何有效参与立法？	● 观看视频 ● 合作探究 ● 自由交流	引导学生结合视频中基层立法联系点的实践，阅读并分析议学材料，回归自身思考，激发学生参与立法的积极性，并增强在日常生活中积极为国家立法建言献策的意识。

下面以教学片段为例进行说明。

教学过程

【创设情境】

当你在日常生活中收到骚扰电话、垃圾短信或强制弹窗广告时，你会怎么做呢？这些往往都是侵害公民个人信息权益和私人生活安宁的行为。遇事找法，解决问题靠法，此类问题的解决方法在《民法典》中都能找到答案。

自2021年1月1日起，《民法典》正式实施。这部被称为“社会生活的百科全书”“人民权利的法律宝典”的治国重器，保障着公民从出生到死亡的社会生活中的各项权利。教师展示相关材料和视频。

材料一：我国在民事领域，并不是从一开始就拥有内容完备的民法典。中华人民共和国成立后，曾先后四次组织编纂《民法典》，但由于经济、政治、社会和学术等条件的制约，均未成功。直到1979年，中国在民事领域仅有一部《婚姻法》。此后30年间，我国相继出台了《继承法》《民法通则》《收养法》《担保法》《合同法》《物权法》《侵权责任法》等单行法。《民法典》是中华人民共和国成立以来第一部以“典”命名的法律，也是第一部以“民”命名的法典。

教师活动（设问）

结合材料和《民法典》编纂历程的相关视频，请大家思考：从民事领域的单行法到《民法典》的编纂，是如何体现科学立法的？

学生活动（讨论回答）

学生1：科学立法要求立法反映客观规律，符合实际的需要。随着社会发展，《民法典》弥补了过去一些单行法律存在的漏洞和不足。

学生2：我认为科学立法必须经过科学分析、科学评估，确定客观情况。

学生3：开门立法实质上体现了民主立法和科学立法。

学生4：开门立法才能积极回应人民群众的期待和诉求，才能得到人民的拥护。

教师活动（小结）

材料二：为适应互联网和高科技发展的需要，《民法典》人格权编在我国立法史上第一次引入了私生活安宁这一权利，并通过反面列举的方式，对侵害私生活安宁的各种典型方式作出了规定。通过法律定义的方式，界定了隐私权的概念和范围，并明确了侵犯隐私权的行为。《民法典》禁止行为人实施发送垃圾短信、垃圾邮件等侵扰他人私人生活安宁的行为，禁止非法进入、窥视、拍摄他人的住宅、宾馆房间等私密空间，禁止非法拍摄、录制、公开、窥视、窃听他人的私密活动等，这些规定有利于保障社会生活的安定有序。为适应大数据发展的需要，《民法典》承认数据、网络虚拟财产受到法律保护。

《民法典》的编纂充分体现了科学立法的要求。首先，从立法程序上看，其整个立法程序符合《中华人民共和国立法法》的相关规定。其次，从立法内容上看，《民法典》所需要的内容基本上是完备的，是符合国情和法理的，而且一些法律漏洞得到了弥补，法律错误得到了纠正，尤其在一些重要的领域还进行了创新。

科学立法要充分发扬民主，必须坚持民主立法，广开言路、集思广益，确保老百姓有发表自己想法、建议和意见的渠道。

设计意图：学生通过小组探究我国民事领域先制定单行法再编纂《民法典》的立法过程，理解我国立法过程经历了从“有法可依”到“科学立法”的飞跃，继而从历史的角度理解科学立法的内涵。

【引思明理】

法律是由国家制定或认可，并由国家强制力保证实施的。普通公民能参与立法吗？教师展示相关材料。

材料三：上海市长宁区安顺路281号是全国人大代表朱国萍的萍聚工作室，这也是一个“立法联络站”。居民们常来这里，你一言，我一语，说着自己对立法工作的意见和建议。连任三届全国人大代表的朱国萍在上海市长宁区虹桥街道虹储居民区做了近30年的“小巷总理”。2018年退休后，她成立虹桥萍聚工作室，就开在虹储小区边上，居民可以随时推门而入。虹桥街道是全国人大常委会法工委第一个设在街道的基层立法联系点，这个立法联系点联络站见证了“开门立法”的机制创新。

2020年，华东政法大学附属中学的学生针对《未成年人保护法》（修订草案）提出了17条意见建议，这些意见通过虹桥街道基层立法联系点转呈全国人大常委会法工委。最终，《未成年人保护法》采纳了他们的部分建议，在法条中调整了相关内容。多年来，朱国萍和社区居民们参与了《反家庭暴力法》《国旗法》《国歌法》《未成年人保护法》等30多部法律的修改，提出了600多条宝贵的意见和建议。这个联络站虽小，却是最高国家权力机关收集人民群众意见建议的重要一环，不断推动着政策和法律的完善。基层民声就这样通过全过程人民民主的形式，逐步上升为国家意志。

教师活动（设问）

结合上述材料，谈谈公民参与立法有何意义？公民参与立法有哪些途径？

学生回答

学生1：公民参与立法体现出我国的立法是非常民主的，真正体现了人民当家作主的地位。

学生2：立法广泛征求意见可以集思广益，汇聚民智，使立法更符合实际，更真实表达公民意志。

学生3：民主立法可以保障公民的知情权和参与权，增强公民的法治观念，使公民在法律实施时能自觉遵法守法。

学生4：除了材料中提到的立法联络站以外，还有立法听证会，还听说过网络上有关于法律修正案的讨论等，但具体还有哪些途径可以参与立法就不清楚了。

教师小结

科学立法是民主立法的必然要求。立法是各种社会利益的分配和协调，是不同利益主体之间的博弈。没有民主的立法程序，就很难有科学的立法内容。

全国人大常委会越来越多采取开门立法，通过座谈会、专家咨询、评估、公布法律草案等方式征求意见，进行充分的调查、研究和论证，广泛凝聚社会共识；审议法律草案时，列席的全国人大代表也可以发表见解，参与到立法中。

设计意图：此环节是本节课的重点，学生通过对开门立法、公民参与立法等实例的讨论、探究，理解公民参与立法的意义和途径，深刻感悟中国共产党在领导国家法治建设过程中坚持科学立法、民主立法相统一。

【感悟导行】

观看基层立法联系点视频，出示议学材料。

材料四：《中华人民共和国学位法草案（征求意见稿）》公开征求意见和2021年上海市政协委员参与立法协商工作方案的确定的相关内容，进一步感受民主立法的要求和公民有序参与立法的方式和途径。

教师活动（设问）

一部法的诞生过程，往往也是集思广益、民主参与、科学立法的过程。作为新时代的青年，你将如何参与到立法实践中呢?

学生回答

作为新时代的青年，我可以联络立法联系点，或登录中国人大网，结合自身实际，为法律草案提出意见。

教师总结

当下的科学立法为青年未来的发展提供了良好的法律保障。随着时代不断发展，立法质量的提高永远没有完成时。青年是未来的希望，同学们可以登录中国人大网或本地人大代表联络点等方式，以小我力量，积极参与立法。

设计意图：此环节着重培养学生树立公共参与意识，引导学生结合视频中基层立法联系点的实践，回归自身思考充分发扬民主的方式，通过观看中职生参与立法的视频，激发中职生参与立法并增强在日常生活中积极为国家立法建言献策的意识。

教学反思

本课围绕“为什么科学立法离不开公民参与？”的议题，深入挖掘教材，设计了多种类型的教学活动，引导学生理解和认同我国在科学立法所做的努力，增强参与立法的自觉性。促进政治认同、法治意识和公共参与的学科核心素养落地。

议题11

宪法权威该如何维护？

学生的困惑

1. 我们只是普通人，受宪法保护，有什么能力维护宪法？

2. 我想维护宪法权威，但不知道具体该怎么做？

教师的思考

【内容分析】

本课在学习遵纪守法、法治精神的基础上，着重阐述宪法的地位、作用及自觉维护宪法权威的重要性。从理论观点上理解宪法是治国安邦的总章程并不难，但落于实际行为的自觉维护宪法权威则是教学难点。

【学情分析】

以上困惑便是学生在学习本课过程中提出的非常具有代表性的问题。之所以会有上述困惑，原因便在于学生无法将教材内容及相关知识点与自己已有的生活体验建立起联系。因此，即便他们了解宪法与我们的生活息息相关，我们的一生都受到宪法的保护，宪法是治国安邦的总章程等知识，也依旧会产生“我们该如何维护宪法权威？”等困惑，疑问倘若不能得到妥善解决，学生可能就无法在实际行动中自觉维护宪法尊严。

【目标分析】

通过本课教学，引导学生在思想觉悟和行为方面做到自觉维护宪法权威，懂得认真做好自己的每一份工作，履行好公民对国家应尽的义务，维护国家的利益，这就是热爱祖国、维护宪法权威的具体体现，培育政治认同、法治观念、职业精神等学科核心素养。

【教学设计】

以强烈的爱国精神为出发点，以学生所学专业为切入点，将宪法与我们每个人未来从事的职业相联系，以“模拟入职宣誓”这一活动体验为抓手，从“职业及从业角度”思考并认识到，遵守宪法、遵守与职业相关的法律法规，做一个守法的公民、尽职的劳动者就是忠于宪法、遵守宪法、维护宪法的具体表现。教学设计思路表见1。

表1　教学设计思路

环节	子议题	情境线	任务线	设计意图
激情导入	1. 为什么要开展宪法宣誓仪式?	观看《律师入职宣誓》。	● 观看视频 ● 分析宣誓原因及誓词内容	各行各业从业者都在遵守宪法及法律法规，维护宪法权威。
引思明理	2. 会计人员的宪法承诺是什么?	写一写会计入职誓词。	● 分组撰写会计入职誓词并上传	思考会计人员的宪法承诺，将宪法与自身的专业学习及未来的职业相联系。
感悟导行		模拟会计入职宣誓仪式。	● 模拟实践 ● 分享感悟	站在从业者角度，明确每一位公民自己维护宪法权威的庄严承诺。

以下以教学片段实录进行说明。

教学过程

【创设情境】

观《律师入职宣誓》

教师活动（设问）

维护宪法权威，说得出，很重要；做得到，更重要！2018年，我国正式把宪法宣誓制度确定下来。根据宪法宣誓制度，国家工作人员就职时应当依照法律规定公开进行宪法宣誓。除了国家工作人员外，律师、警察、医生和教师等职业群体，在入职时也逐步实行宣誓仪式。作为未来的会计人员，我们也来尝试进行一次会计人员的入职宣誓仪式！

请大家带着任务观看《律师入职宣誓》的视频。

问题1：听——誓词的内容有哪些?

问题2：看——宣誓的动作要领是什么?

问题3：想——宣誓中你想到了什么?

问题4：为什么越来越多的职业群体在入职时做宣誓?

学生活动（讨论回答）

听到宣誓词分为起誓、表明身份、承诺等几部分。

我宣誓，我是中华人民共和国律师，忠于宪法，忠于祖国，忠于人民，维护当事人合法权益，维护法律正确实施，维护社会公平正义，恪尽职责，勤勉敬业，为建设社会主义法治国家努力奋斗！

看到他们整齐排列、着装得体；面向国旗、表情庄重；右手握拳、举起过肩；声音洪亮、铿锵有力。

教师活动（小结）

宣誓，即在公众场合大声说出自己的决心与誓言，并承诺为实现自己的誓言而努力的行为，宣誓是庄严而神圣的行为，这是一种职业的责任感、荣誉感、使命感！

设计意图：观看《律师入职宣誓》视频，通过看一看、听一听、想一想，直观感受宣誓的环境、要求和誓词内容。为下一环节写会计入职誓词及模拟宣誓做好铺垫。与此同时，认识到宪法是国家的根本大法和治国安邦的总章程，各行各业从业者都要遵守宪法及法律法规，维护宪法权威，回应了部分学生课前提出的“我们只是普通人，受宪法保护，有什么能力维护宪法权威”的疑问与困惑。

【引思明理】

写《会计入职誓词》

教师活动（布置任务）

请对照律师宣誓誓词的要素，以小组为单位，模仿律师入职誓词，尝试撰写一份会计人入职宣誓词，并上传至平台，投票选出最佳誓词。

学生活动（讨论并上传）

青春组：我宣誓，我是中华人民共和国会计人员，自觉遵守宪法法律，严格执行《会计法》，履行会计义务，恪守职业道德，不做假账，勤勉敬业，为维护社会经济秩序，促进行业健康发展，贡献自己的力量！

宣誓人：×××

奋斗组：我宣誓，自觉遵守国家法律法规，恪守职业道德规范，严格执行执业准则；诚信公道、廉洁从职，为建设富强、民主、文明、和谐的社会主义国家努力奋斗！

宣誓人：×××

阳光组：我宣誓，我是中华人民共和国会计工作者，牢记社会责任，保证服务质量，维护公众利益。树立诚信意识，保持良好执业行为，维护行业形象；为社会进步、经济发展和会计事业的繁荣努力奋斗！

宣誓人：×××

教师活动（小结）

大家分工有序，团结合作，有条不紊地完成了模拟誓词。参照律师入职誓词的内容要素，再汲取各队优点整合，最终版的会计人员宣誓词出炉啦。

“我宣誓，我是中华人民共和国会计人员，自觉遵守宪法法律，严格执行《中华人民共和国会计法》，履行会计义务，恪守职业道德，廉洁从职、不做假账，勤勉敬业，为社会进步、经济发展和会计事业的繁荣努力奋斗！”

宣誓人：×××

设计意图：针对部分学生课前提出的“我想维护宪法权威，但不知道具体该怎么做”这一困惑，设计“写会计入职誓词”教学环节。该环节可以更好地引导学生思考会计人员的宪法承诺，将宪法与自身的专业学习及未来的职业相联系，在进一步明确宪法权威的同时，更激励学生提高忠于宪法、遵守宪法、维护宪法的自觉意识。

【感悟导行】

模拟入职宪法宣誓

教师活动（领誓）

对照视频中的宣誓动作要素，进行入职模拟宣誓。注意，宣誓时严肃认真，表达出会计人对会计这份职业的敬畏与尊重！

××班会计人入职宣誓仪式正式开始。

教师手按《中华人民共和国宪法》，领誓：

我宣誓，我是中华人民共和国会计人员，自觉遵守宪法法律，严格执行《中华人民共和国会计法》，履行会计义务，恪守职业道德，廉洁从职、不做假账，勤勉敬业，为社会进步、经济发展和会计事业的繁荣努力奋斗！

宣誓人：×××

学生活动（模拟宣誓）

进行模拟宣誓。

教师活动（小结）

在国旗和宪法面前庄严宣誓，虽是模拟，但也是一份承诺、一份担当。希望每一位同学在未来的学习和工作中，都能以实际行动来履行诺言，做一名“清清楚楚做账、明明白白做人”的会计人。

如何自觉维护宪法权威，这是对一个人的思想觉悟和行为方面的要求。要做到自觉维护宪法权威，首先应从思想上深刻认识“宪法与我们的生活息息相关”“依法治国的核心是依宪治国”；其次，除了法治意识外，还必须具有强烈的爱国情感，坚决不做任何宪法禁止的事情及损害国家利益的事情；最后，热爱祖国绝不是一句空洞的口号，而应该体现在公民的具体行动中。比如，学法、知法、懂法、守法、宣传宪法等；再比如，自觉履行好公民对国家应尽的义务，维护国家的利益等；又比如，认真、踏实做好自己的本职工作等。其实，这些都是热爱祖国、维护宪法权威的具体行为表现。

设计意图：以往的课堂通常就是请学生以思考、讨论、口述为主，来说一说我们如何维护宪法权威？虽然有一定效果，但体验感受不够强烈。

正所谓“光学不练假把式”，千知不如一练。因此，此次教学将理论与实践相统一，结合教学对象的所学专业，发挥仪式教育的作用，设计了“行”的环节。通过“模拟宪法宣誓”，拉近“宪法与普通公民”之间的距离，从从业者角度引导学生明确每一位公民的宪法承诺，并将自觉依法维护宪法权威延伸至每一位公民热爱祖国、学法守法、宣传宪法、维护国家利益及做好本职工作等各个方面。

教学反思

回顾本课，以解决学生困惑为出发点，围绕“宪法权威该如何维护？”这一中心议题，探讨了“为何要开展宪法宣誓仪式？”及“会计人员的宪法承诺是什么？”两个子议题。找准理论联系实际这一痛点，有机融合学生所学专业，创设入职宪法宣誓这一情境。通过“观看宣誓仪式—撰写宣誓誓词—模拟宣誓”三个任务设计环环相扣，层层递进，逐步引导学生理解各行各业从业者遵守宪法及法律法规，维护宪法权威的重要性。特别是针对未来的会计人员，帮助他们将宪法与自身的专业学习及未来的职业相联系，在明确宪法权威的同时，更激励学生提高忠于宪法、遵守宪法、维护宪法的自觉意识。符合中职思政新课标要求的理论与实践相统一；培育学生政治认同、法治意识和职业精神等学科核心素养等要求。

不足之处在于，课堂教学时间有限，仅以职业或从业者角度为例，拉近“宪法与普通公民”之间的距离，还需“由此及彼”，进一步将自觉依法维护宪法权威延伸至每一位公民热爱祖国、学法守法、宣传宪法、维护国家利益、做好本职工作等生活的方方面面。

议题12

如何做一个遵纪守法的人？

学生的困惑

1. 我的行为只要不违法就没有问题。

2. 学校和社会上的各种“规矩”是对我们自由的限制，我要追求自由就要打破“规矩”。

3. 现实生活中，有人违反规则走捷径容易成功，而遵守规则的老实人往往吃亏，我该怎么办？

教师的思考

【内容分析】

本课内容为《职业道德与法治》第四单元第十课《养成遵纪守法的好习惯》。学习内容包括：了解法律的特点及其与纪律的关系；了解违法行为的分类；理解法律、纪律在社会生活中的作用及违反法律、纪律的危害；增强遵纪守法的意识。本课着重于学生法治意识核心素养的培育，引导学生逐步养成遵纪守法的好习惯，为后续相关法律知识的学习奠定基础。

【学情分析】

本课授课对象为中职会计专业学生。学生凭借自身体验和初中阶段所学知识，积累了一定的生活常识，为本课学习打下了必要的知识基础，也使其具备一定的问题分析能力。学生对法律和纪律有一定的了解，但认识很多停留在认知层面，尤其对于未来职业生涯发展与遵纪守法之间的认识有待提高；少部分学生不拘小节，规则意识淡薄，自制力差导致行为规范不佳。

【目标分析】

基于“法治意识”学科核心素养的目标要求，通过教学让学生了解纪律与自由、纪律与法律的关系；理解纪律、法律在社会生活中的作用；认识到职业活动中违法乱纪的严重后果。培养学生遵守法律、遵守纪律的意识，树立懂得自爱、勇于自省、善于自控的生活态度和价值观。在思想上提高遵纪守法的意识，能将遵纪守法运用到学习生活和将来的职业活动中；在行动上，从小事做起，持之以恒，逐步养成遵纪守法的好习惯。

【教学设计】

依据《中等职业学校思想政治课程标准》（2020年版），结合中职生的认知能力和心理特点，本课以“如何做一个遵纪守法的人？”为议题进行议题式教学。围绕议题设计活动，选用真实典型案例，创设问题情境；引导学生在活动体验、合作探讨中学习；结合校规校纪、企业行业规范，讨论遵纪守法的意义；制订“争做遵纪守法好公民”行动整改计划，落实知行合一。教学设计思路见表1。

表1　教学设计思路

环节	子议题	情境线	任务线	设计意图
活动导入		学生上黑板上画方圆，一位学生徒手画，一位用尺规画。	学生进行比较评价结果。请学生列举生活中有哪些“规矩”。明确社会生活中“规矩”的重要性。	充分调动学生积极性，激发学生的学习兴趣，顺势引入案例。

（续表）

环节	子议题	情境线	任务线	设计意图
引思明理	1. 从事故原因看纪律的重要作用。	介绍韩国“岁月号”沉船事件，分析事故原因。	分析事故原因，讨论：假如我是船长，如何避免沉船事故发生？明确纪律的重要作用。理解纪律与自由的对立统一关系。	增强学生对遵纪守法的心理体验；纪律与自由的探讨提升了学生的辩证思维能力。
	2. 从事故的处理看法律的重要作用。	探讨事故后续处理中起诉和审判的依据。	探讨事故后续处理的依据，明确法律的特征及法律与纪律的关系；理解法律在生活中的重要作用。	由案例中的法律到现实生活法律，“演绎—归纳”符合学生的认知规律，能更好地理解法律的重要作用。
	3. 在事故反思中认识遵纪守法的重要性。	深入探究沉船事故中，导致超载、改变航线、操作不当等行为的背后的思想根源。	总结种种不当行为背后的思想根源，提升对遵纪守法重要性的认识。	从现象到本质，提升学生高阶思维，增强对遵纪守法的认识。
感悟导行	4. 知行合一，如何养成遵纪守法的好习惯？	体验财务会计人员工作中的“规矩”。	结合专业和未来职业发展，制订“争做遵纪守法好公民”行动整改计划。	构建起遵纪守法与职业发展之间的联系，使养成遵纪守法的好习惯目标更明晰，更具有针对性，落实知信行统一。

教学过程

【活动导入】

课堂活动

请两位学生在黑板上画一个正方形和一个圆形，其中一位学生徒手画，一位用圆规和直尺画。

教师活动（设问）

为何尺规作图要比徒手作画的更方更圆?

学生活动（回答）

因为没有规矩，不成方圆。

教师活动（点拨）

这正印证了一句老话“没有规矩不成方圆。” 那么，生活中有哪些“规矩”？

学生活动（回答）

遵守交通法规、遵守校纪校规……

教师活动（小结）

有规矩才有方圆。国有国法，家有家规，团体有章程，单位有纪律，社会有道德。这些“规矩”都是规范人们的行为的。

教师活动（过渡）

今天我们将结合韩国“岁月号”沉船事件，重点来谈一谈生活中最常见的两种“规矩”——纪律和法律。

播放新闻视频片段，介绍韩国“岁月号”沉船事件。

设计意图：通过学生活动能充分调动学生积极性，激发学生进一步学习探讨兴趣，增强学生对纪律、法律在生活中无处不在并发挥重要作用的心理体验，并顺势引入教学案例，创设教学情境，为后续议学活动做好铺陈。

【引思明理】

1. 从事故原因看纪律的重要作用

教师活动　播放“岁月号”沉船事故的调查新闻视频，引导学生分析总结事故原因。

教师活动（设问）

谁应该为沉船事故负责？

学生活动（回答）

客轮上的工作人员和船长要负主要责任。

教师活动（追问）

如果你是船长或工作人员，如何避免沉船事故发生？

学生活动（讨论回答）

✧ 如果在开船之前排查轮船的安全隐患，会降低事故发生的概率。

✧ 如果遵守轮船安全运行的规定，严禁超载，当船体倾斜时能恢复平衡，避免沉船事故的发生。

✧ 当轮船发生事故时，船长能在自己的岗位上进行有效的管理指挥，能够将事故造成的损失降低。

教师活动（点拨）

从同学们的分析可以发现，该起事故的发生是因为轮船的工作人员及船长没有严格遵守工作规程和劳动纪律，漠视乘客的生命安全，加之操作不当所引发的。可见遵守纪律的重要性。那么，什么是纪律？我们生活中有哪些纪律？如果没有这些纪律会导致什么后果呢？

学生活动（讨论回答）

✧ 纪律是为了维护集体利益，保证工作和生活正常有序进行，要求一定社会组织成员共同遵守的行为规范。

✧ 学校要求学生上课认真听讲、不玩手机。如果大家在上课的时候玩手机、随意讲话，会干扰课堂秩序，影响老师上课和其他同学听课。

✧ 考试迟到 15 分钟以上不得参加考试。如果没有时间的约束，考试无法正常进行。

- ✧ 我妈妈在公司做财务，单位要求严格按照会计准则做账，对财务数据要有保密意识。会计工作如果不按照会计准则来做账，就不能真实反映企业的经济活动，财务数据是企业的商业秘密，泄露会给企业造成重大损失。
- ✧ ……

教师活动（小结）

大家说得很好！我们发现不论是学校，还是工作单位，还是公共场所，只要有人群的地方，有集体活动的地方，都有一定的纪律约束。不遵守纪律必然导致秩序的混乱，最终损害大家的利益。因此，纪律是维护我们正常秩序的重要保证。

教师活动（追问）

有人说纪律是对自由的束缚。如何看待纪律和自由的关系？

学生活动（讨论回答）

略

教师活动（小结过渡）

自由是人人都向往的，但这并不意味存在绝对的自由。人总是生活在一定的社会关系和社会组织之中，这要求人的行为不能随心所欲，必须有一定的边界，纪律就是边界之一。试想如果人人都拥有绝对的自由，那么在行使自由权利的同时很可能会侵犯他人的自由权利。当然，纪律只是约束违反纪律的人和行为；只要不违反纪律，每个人都会获得自由。总之，纪律对自由而言，既是限制也是保护。因此，我们每个人必须克服自身自由散漫的习惯，在学校遵守学校纪律，将来在工作中遵守单位的工作纪律，在社会上遵守国家的法律。

设计意图：典型案例能够在具体的教学情境中激发学生的探讨热情。“如果你是船长或工作人员，如何避免沉船事故发生”的环节，让学生具有代入感，进一步增强学生对遵纪守法的心理体验。层层递进的追问有利于提升学生的辩证思维能力。

2. 从事故的处理看法律的重要作用

教师活动 播放事故处理的后续报道视频，引导学生了解“岁月号”船长及工作人员被起诉和审判的依据，思考法律的重要作用。

教师活动（设问）

同学们，刚才我们分析了沉船事故的主要原因是轮船工作人员没有严格遵守工作纪律，从而导致非常严重的后果，因此必须对相关工作人员进行处理。请大家结合案情谈一谈，对工作人员进行起诉和审判的依据是什么？法律在事故处理中起到什么作用？

学生活动（回答）

略

教师活动（追问）

违反劳动纪律，轻则影响工作任务的完成，重则酿成重大事故，造成人员和财产的重大损失。像此次事件中的船长和船员，他们的种种行为导致事故发生和严重后果，不仅违反劳动纪律也触犯了法律，等待他们的将是法律的严惩。纪律和法律都是人们的行为规范，请大家将我们的校纪校规和生活中的法律作一个对比，看看二者有何异同？

学生活动（讨论并回答问题）

内容		纪律	法律
区别	制定者	社会组织	国家立法机关
	适用范围	小，某个单位或组织成员	大，组织及全体社会成员
	处罚的裁定者	制定纪律的单位	司法机关或行政执法机关
	处罚的方式和强度	方式简单，强度较小	方式复杂，强度较大
联系	都是行为的准则，违反了都会造成不良后果，都会受到惩处		

教师活动（点拨）

与纪律相比，法律具有以下显著特征：一是法律是国家制定或者认可的；二是法律靠国家强制力保证实施，具有强制性；三是法律对全体社会成员具有普遍约束性；四是法律规定了人们的权利义务。改革开放以来，尤其是党的十八大以来，我国的法治建设和法律体系也在不断完善。请大家说说与我们学习生活密切联系的法律并谈谈它们发挥的作用？

学生活动（讨论回答）

✧ 《中华人民共和国未成年人保护法》是保护我们青少年合法权益的法律。

✧ 《中华人民共和国劳动法》规定了用人单位和劳动者的权利义务，如果双方有纠纷的话，可以依据《中华人民共和国劳动法》打官司。

✧ 《中华人民共和国道路交通安全法》明确了交通规则，也是处理交通事故的依据。

✧ ……

教师活动（小结）

从“岁月号”案件中我们可以清晰地看到法律有制裁犯罪行为的作用。除此之外，法律不仅为我们个人提供一种行为范式，还能协调人与人之间的关系，保护公民的合法权益。同时，法律也是处理矛盾纠纷的重要依据。

设计意图：采用“演绎—归纳”的方法，从具体案例中抽象出法律的普遍作用，符合学生的认知规律，能更好地理解法律的重要作用；利用表格认识法律与纪律的区别和联系，直观简明，利于学生把握。

3. 在事故反思中认识遵纪守法的重要性

教师活动（设问）

“岁月号”的沉没与其说是安全事故，不如说是一场彻头彻尾的“人祸”。超载、改变航线、操作不当，危急关头，船长和船员选择离岗弃船，丢下所有乘客，只顾自己逃命。“人祸”是小事故大灾难的主要原因。据调查分析，安全事故大多发生在一瞬间，导致事故发生的主要原因就是违章违纪，平时自由散漫、缺乏责任心、自控能力不足往往是引发事故的根源。“岁月号”事件是一场悲剧，它给我们带来哪些启示呢？

学生活动（讨论回答）

✧ 做任何事情，都应该注重细节，从小事做起，养成严谨的作风才能避免事故的发生。

✧ 我们有些同龄人以自我为中心，不把规则当回事，在学校里违反校纪校规，甚至是触犯法律，走上犯罪道路，说到底就是没有做到遵纪守法。

✧ 没有规矩不成方圆，遵纪守法或许对我们的自由有一些限制，但也保护了我们的自由和社会的秩序，要不然社会就会陷入混乱。

✧　……

教师活动（点拨）

我们生活中常说思想支配行为。在沉船事故中，导致工作人员超载、改变航线、操作不当等行为的思想根源是没有规则意识，把纪律、法律当儿戏，才酿此大祸。要想避免此类事情的发生，就必须养成遵纪守法的好习惯。当然，在现实生活中，确实存在一种现象：有人违反规则走捷径看似容易成功，而那些遵守规则的老实人却可能因此吃亏。大家对这个问题怎么看？

学生活动（讨论回答）

略

教师活动（小结）

走捷径者看似容易成功，但这只是一种短期获益，违反规则者最终要受到相应的制裁。实际上，做一个具有道德修养、遵纪守法的人，从长远看更容易获得他人的认可和成功。我们国家正在不断加强依法治国，让守法者的权益得到保护，让违法者受到应有的惩罚，彰显社会的公平正义。

设计意图：从现象到本质，提升学生高阶思维；基于两难问题的辨析，利于厘清学生在认知上的误区，进一步增强对遵纪守法重要性的认识。

【感悟导行】

4. 知行合一，如何养成遵纪守法的好习惯？

课堂活动

体验财务会计人员工作中的“规矩”。

学生活动（交流展示）

会计工作规则知多少；会计“手工”展示；会计常识大比拼。

教师活动（点拨）

从同学们刚才的交流展示来看，财务会计是一项非常注重规则的工作，要想做好一名财务会计人员，除了要掌握相关的专业知识和技能，还必须遵守相关的工作纪律和财经法规。立足当下，我们该如何培养遵纪守法的好习惯？下面请大家结合专业和未来职业发展，分析自身行为习惯方面的不足，制订“争做遵纪守法好公民”行动整改计划。

学生活动（交流展示）

“争做遵纪守法好公民”行动整改计划。

教师活动 点评学生制订的整改计划，使之具有可操作性。

教师活动（小结）

养成遵纪守法的好习惯首先就必须在思想上树立规则意识，克服不良心理，认识到遵纪守法的重要性，同时学习了解法律知识。有的同学在学校自由散漫，大错不犯小错不断，而且心中不以为意。校园里的违纪行为若不加以制止，可能会逐渐演变成更严重的违法行为。遵纪守法不能只停留在口头上，还必须落实到行动中。请大家严格执行自己制订的整改计划，从我做起、从小事做起、从现在做起，持之以恒，以一名合格会计师的要求养成遵纪守法的好习惯。

设计意图：结合学生的专业特点，构建起遵纪守法与职业发展之间的联系，使养成遵纪守法的好习惯这一目标更加明确，更具有针对性，落实知信行统一。

教学反思

本课根据议题选用典型案例，创设教学情境，进行议学活动。通过充分发掘案例资源，一案贯穿整个课堂，将所学知识串联起来。在形式上保持了课堂教学的连贯性和完整性；在内容上层层递进，拓展了学生的思维深度。同时，将遵纪守法这一主题与学生未来职业发展紧密结合，体现思政课的职教特色，使教学目标能落到实处，更具针对性。

引导学生养成遵纪守法的好习惯，做一名遵纪守法的好公民，是一项社会性、系统性的大课题，需要学生、家庭、学校、社会多方面的共同努力。因课堂教学时间有限，在有限的时间内要让学生将观念内化为行为颇为不易，还需在日常生活中逐渐养成。因此，在延展教学时间和空间的同时，对于课后学生的行动整改计划的实施情况，需要检测、反馈，实现活动闭环。

议题13

“恶搞”他人表情包仅仅是个玩笑吗？

学生的困惑

1.“恶搞”他人表情包违法吗？

2.“恶搞”他人表情包违反了什么法律？

3. 如果你遇到“恶搞”他人表情包的行为，你会怎么做？

教师的思考

【内容分析】

本课题选自中职思政统编教材《职业道德与法治》第十一课《依法从事民事活动》。以上是学生对 “恶搞”他人表情包这一现象的看法和困惑。虽然民法与中职学生日常生活紧密相关，但很多现实问题仅凭课堂所学民法知识很难理解透。尤其是一些易混淆的概念，学生的理解大多停留在浅层次。

【学情分析】

通过初中法律基础知识的学习，学生对肖像权、姓名权、名誉权等有了基本的认识，但是在日常生活中侵犯他人肖像权、名誉权的行为及自身肖像权、名誉权被他人侵犯的情况时有发生。部分学生出于好奇或寻求乐趣，不懂尊重他人，在网上恶意损毁、丑化或使用他人肖像的行为屡见不鲜。同时，部分学生维权意识较弱，当侵权行为发生时，不知道哪些行为构成侵权。因此有必要教育引导学生尊重和保护自己和他人的合法权益。

【目标分析】

了解"恶搞"他人表情包的侵权表现；明确侵犯公民肖像权的行为表现；通过案例聚焦和小组活动，增强尊重和维护自身及他人合法权益的法律意识；在学习与生活实践中，能自觉尊重和维护自身与他人的合法权益。

【教学设计】

本课选择学生熟悉的"表情包"案件创设教学情境，以一案贯穿全课，围绕"'恶搞'他人表情包仅仅是个玩笑吗？"这一中心议题，分设"你对'恶搞'他人表情包这一现象有什么看法？""转发'恶搞'他人的表情包是否违法？""不以营利为目的'恶搞'他人表情包是否侵权？侵犯了公民什么权利？""是不是所有使用他人肖像的行为都构成侵犯公民肖像权？""如果你的肖像被他人恶搞制作成表情包，你会有怎样的感想？你会选择怎么做？"五个子议题，将案件情境与教学内容紧密融合，引导学生体验、探究、思辨、践行，将法律知识的学习、学科核心素养的提升、思维方式的培养和行动的落实有机融为一体。教学设计思路表1。

表1　教学设计思路

环节	子议题	情境线	任务线	设计意图
图片导入	你对"恶搞"他人表情包这一现象有什么看法?	图片导入，了解学生对未经他人允许"恶搞"他人表情包这一现象的看法。	结合图片，谈感受和体验。	以学生熟知事件导入新课，激发学生学习兴趣。

（续表）

环节	子议题	情境线	议学任务线	设计意图
引思明理	转发“恶搞”他人的表情包是否违法？	通过“葛优躺”表情包案，了解“恶搞”他人的表情包的侵权表现。	分析案例 合作探究 讨论	通过具体的案例分析，在讨论中明晰肖像权及相关内容。
	不以营利为目的“恶搞”他人表情包是否侵权？侵犯了公民什么权利？	通过设问，进一步了解构成侵犯公民肖像权的行为表现。	讨论 分享	
	是不是所有使用他人肖像的行为都构成侵犯公民肖像权？	通过案例分析，明确不构成侵犯公民肖像权的行为表现。	讨论 辨析	
感悟导行	如果你的肖像被他人恶搞制作成表情包，你会有怎样的感想？你会选择怎么做？	通过结合学生自身体验，提高学生自觉维护自身和他人合法权益的意识。	头脑 风暴	从肖像权扩展到其他侵权行为，提升学生法治意识。

教学过程

【图片导入】

展示同学间流行的表情包图片：“我已经使了洪荒之力了”“移花接木”等合成的表情包，“跑步冲刺”表情包等。

教师设疑

最近几年，表情包成了社交聊天时的热宠，你平时聊天时用过表情包吗？你一般会用哪些表情包？

学生讨论

学生1：我经常会用一些网络上明星的表情包。

学生2：网络上也有专门的漫画表情包，我平时用得比较多。

学生3：我有时会用我自己制作的表情包，比如同学的一些夸张表情，还有一些偷拍的照片。

教师设疑

那么，你如何看待未经他人允许“恶搞”他人表情包呢？

学生讨论

学生 1：那要看怎么“恶搞”，如果是故意丑化肯定不行。

学生 2：尤其是一些明星，如果被“恶搞”会影响他的公众形象。

学生 3：应该是违法的，但是大家都在用，法不责众，当事人不可能去追究，也不好去追究。

学生 4：我觉得用网上流行的表情包不违法，“恶搞”同学表情包有可能会侵权。

学生 5：“恶搞”同学表情包只是同学之间开玩笑，没有必要小题大做。

学生 6：不管怎么样，“恶搞”他人表情包都是侵权的行为。

教师小结

“恶搞”他人表情包不仅是不对的，还会侵犯公民的肖像权。

设计意图：随着互联网的普及，表情包在同学们网络聊天中的使用越来越普遍，用同学们熟悉的“表情包”导入新课，利于激发学生学习兴趣，积极参与课堂，了解学生对于“‘恶搞’他人表情包”现象的看法，为课程后续内容的学习打下基础。

【引思明理】

“我的肖像我做主”

1. 肖像及肖像权

展示案例

“葛优躺”是同学们非常熟悉的一款表情包。2016年7月25日，艺龙网公司发布微博，文字内容包括直接使用“葛优躺”文字和在图片上标注文字。该微博使用7幅葛优图片共18次。

教师点拨

① 该企业的行为侵权吗？

② 如果侵权，侵犯了葛优的什么权利？

③ 葛优可以采取哪些方式方法维护自己的权益？

学生讨论

小组合作，每小组选代表记录、发言。

第一组发言：该企业的行为构成侵权，侵犯了葛优的肖像权，葛优可以向法院起诉，要求赔偿。

第二组发言：该企业的行为应该不构成侵权，因为只有以营利为目的使用他人肖像才构成侵权，而这家公司仅仅是在微博上使用了表情包。

第三组发言：该企业的行为构成侵权，因为这是企业发布的微博，是为了企业宣传所用，虽然表面看起来没有直接营利，但是宣传企业本身就是一种营利方式，所以葛优可以去告这家公司，要求赔偿损失。

教师点评

同学们回答得非常好，每一小组都从不同角度谈了自己小组的看法，接下来我们一起来看一下事情的结局怎样。

展示案例

葛优认为，该微博中提到“葛优”的名字，并非剧中人物名称，宣传内容为商业性使用，侵犯了其肖像权，遂将该公司诉至法院，要求其赔礼道歉并予以赔偿。2017年2月23日，“葛优躺”侵权案终于落判，葛优获赔7.5万元。

教师点拨

肖像与肖像权：肖像再现了个人的基本特征，是每个人人体形象的有形识别标志，肖像与特定人的人格不可分离。为了保护公民的肖像不被丑化或非法利用，为了更好地维护公民的人格尊严权，法律赋予了公民肖像权。

《中华人民共和国民法典》第一千零一十九条规定：任何组织或者个人不得以丑化、污损，或者利用信息技术手段伪造等方式侵害他人的肖像权。未经肖像权人同意，不得制作、使用、公开肖像权人的肖像，但是法律另有规定的除外。未经肖像权人同意，肖像作品权利人不得以发表、复制、发行、出租、展览等方式使用或者公开肖像权人的肖像。

那么，不以营利为目的使用或制作他人表情包，是不是就没问题了呢？

学生讨论

学生1：不营利的话肯定没事，那么多人用葛优表情包不是没事，我也用过，也没有任何人追究我的责任。

学生2：不营利也不行，比如如果有同学用我的肖像做表情包到处传，我会觉得很不舒服。

学生3：个人的肖像不可以被他人随便使用，除非经过本人允许，就像个人的物品一样。

教师小结

恶意损毁、玷污、丑化公民肖像，以及利用公民肖像进行人身攻击等行为都是侵犯公民肖像权的表现。如果所制作的表情包在传播过程中，造成社会公众对其声誉、学识等整体评价的降低，则可能侵犯了该人的名誉权。若是使用了涉及他人隐私的照片，则有可能侵犯他人隐私权。

设计意图：引导学生从社会案例的探究到具体问题的思考，层层深入明晰肖像权的概念及侵犯肖像权的表现，同时，通过小组合作的方式，小组内部也会有辨析、合作的机会，培养小组合作意识。

2. 公民的肖像权包含哪些内容？

教师点拨

"恶搞"他人表情包有可能会侵犯公民肖像权，那么公民的肖像权包括哪些内容呢？

学生回答

学生1：在大街上不经他人允许不可以随便给人拍照，属于侵犯他人肖像权。

学生2：还有照相馆拍过他人照片，未经允许也不能随意拿来做广告。

学生3：有一些媒体或电视上，未经允许，应该打马赛克，尤其是未成年人。

教师归纳

肖像制作权：有权决定是否允许他人给自己画像、照相或录像等。

肖像使用权：有权决定是否使用或如何使用自己的肖像。

肖像获酬权：有权使用自己的肖像获得报酬。

设计意图：明晰公民肖像权的内容和具体表现。

3. 不构成侵犯公民肖像权的表现

展示图片

一女士违反交通规则的照片。

教师点拨

记者拍摄的照片是否侵犯该女士的肖像权？

学生辩论

学生1：应该不算侵犯肖像权，如果这样的话大多数电视上的人物都被侵犯肖像权了。

学生2：如果经过该女士许可，不算侵犯肖像权。

学生3：不经过该女士许可，也不算侵犯肖像权，因为媒体拍摄有特殊性。

教师点拨

未经本人同意，使用公民肖像的行为是不是都是违法的？

学生1：大多数情况是违法的，但是就像前面说的媒体拍摄的除外。

学生2：这个要具体问题具体分析，我觉得只要是“恶搞”他人肖像的，都是违法的。

教师小结

展示《中华人民共和国民法典》中规定可以不经肖像权人同意，合理实施的行为：

2021年1月1日起正式实施的《中华人民共和国民法典》中第一千零二十条规定：

（一）为个人学习、艺术欣赏、课堂教学或者科学研究，在必要范围内使用肖像权人已经公开的肖像；

（二）为实施新闻报道，不可避免地制作、使用、公开肖像权人的肖像；

（三）为依法履行职责，国家机关在必要范围内制作、使用、公开肖像权人的肖像；

（四）为展示特定公共环境，不可避免地制作、使用、公开肖像权人的肖像；

（五）为维护公共利益或者肖像权人合法权益，制作、使用、公开肖像权人的肖像的其他行为。

设计意图：进一步引导学生明晰使用他人肖像的行为中侵权及不侵权的具体表现。

【感悟导行】

展示调查

展示课前布置给学生的关于“表情包”的小调查：

① 日常生活中是否制作过表情包？

② 一般是给谁制作表情包？

③ 制作表情包的用途是什么？

教师点拨

通过课前调查我们了解到，所有同学都使用过表情包，有一部分同学使用同学或老师的肖像制作过表情包，大多数同学制作表情包是因为调侃或开玩笑。

教师设疑

如果你的肖像被他人“恶搞”成表情包，你会有怎样的感受？你会选择怎么做？

学生回答

学生1：如果我的头像被制作成表情包，我应该会觉得不好意思，因为表情包都是“恶搞”的，我应该会告诉老师。

学生2：同学之间制作表情包没事，我也制作过同学的表情包，但是如果传到其他班级或在网络上传播就不好了。

学生3：制作同学肖像的表情包也是侵权的。如果是我，我先会跟他说不要外传；如果他还是继续传播我会告诉老师，让学校处理；如果传播到网上对我影响比较大，我会报警处理。

……

教师小结

当我们的肖像受到侵害时，我们可以告诉老师或学校，必要时可以拿起法律的武器，追究侵权人的责任，也可提起诉讼讨还公道。

设计意图：任何法律都是用于解决实际问题的，现实的案例就是最好的教学工具，解决现实问题，通过设疑引导学生体验导行，培养学生解决现实问题的能力。

播放视频

《中华人民共和国民法典》宣传视频：《中华人民共和国民法典》与我的一生。

教师提问

肖像权只是民法所规定的公民众多民事权利中的一种，作为即将年满18周岁的我们，很快可以独立地从事民事法律行为，我们如何更好地行使民事法律行为，承担民事责任呢?

学生回答

学生1：多学习相关法律，知道哪些事可以做，哪些事不可以做。

学生2：当自己或家人的民事权利受到侵犯时，要勇于拿起法律武器保护自己。

学生3：我们青少年还要多宣传民法知识。

学生4：可以在学校或社区开展一些普法宣传活动。

学生5：可以开一些民法相关的主题班会，或者组织知识竞赛。

设计意图：从肖像权扩展到其他民事权利，增强学生学习法律、尊重法律，并自觉利用法律武器保护自己的意识，激发学生情感，提升认知。

教师总结

尊重他人的肖像权，依法维护自己的肖像权是现代人应该具备的法律素质，作为一名合格的公民，要正确行使自己的权利，同时也要履行应尽的义务，即尊重他人的权利，树立维权意识，敢于依法维护自己的合法权益。

教学反思

中职阶段是学生人生观、价值观形成的关键期，也是培养法治意识的重要时期。在社会生活中，我们对待一些法律问题，尤其是民法相关问题，常常以道德评判先入为主，这在一定程度上影响学生对法律问题的看法，学生易从经验的角度而非翻阅、查找相关法律条文去分析和解决问题。本课选择学生常用的"表情包"为话题导入新课，紧紧围绕学生对待"'恶搞'他人表情包"这一现象的看法和困惑，设置了贴近学生实际的设问，逐步引导学生认识日常生活中容易忽视的侵权现象，培养学生分析和解决问题的能力，增强他们的法律意识。课堂气氛活跃，学生参与度高，教学效果良好。但是，"感悟导行"教学环节时间安排较为紧张，今后在这一环节的教学中，要更加明确要求，突出重点。

议题14

如何自觉预防犯罪？

学生的困惑

1. 校园欺凌行为属于违纪行为、一般违法行为还是犯罪行为？

2. 我国的刑法修正案将刑事责任年龄调至十二周岁，是不是意味着十二周岁以下犯罪不需要承担任何法律责任？

3. 碰到校园欺凌行为时，我该怎么办？

4. 预防未成年人犯罪需要从哪些方面努力？

教师的思考

【内容分析】

本课为《职业道德与法治》第四单元第十二课《自觉抵制犯罪》的重要内容。在承接“法治国家”“法治精神”等内容的基础上，以“如何自觉预防犯罪？”为议题，进一步对刑事法律深入学习。简而言之，本课程的核心议题是：什么是犯罪？如何预防犯罪？本课程旨在引导学生增强法治观念，自觉预防犯罪，引导学生提高与违法犯罪行为做斗争的自觉性。

【学情分析】

中职学生年龄在十五至十八岁之间，正处于身心快速发展阶段。由于生理、心理发展都不成熟，辨别是非能力不强，法治观念淡薄，容易受到不良因素的影响，可能沾染不良行为，甚至走上违法犯罪的道路。近年来，校园暴力事件频发，以欺凌为主要表现形式的未成年人恶性伤人事件一度成为公众舆论焦点。校园欺凌的行为主体绝大多数是未满十八周岁的未成年人，这意味着校园欺凌违法犯罪问题实质上是未成年人违法犯罪问题。实践中，校园欺凌事件的处置方式和处罚力度不尽一致，或调解或教育，严重的还会开除，鲜有进行刑事处罚，导致违法与犯罪的界限模糊。如此处置能否让施暴者真正意识到自己行为的危害性？对其他未成年人能否起到相应的警示和震慑作用？基于此，学习这部分内容时，学生可能会存在一些认识上的偏差和误区。

【目标分析】

基于“法治意识”学科核心素养的目标要求，本课着力培养学生尊法学法守法用法的法治观念。通过典型案例“以案说法”，设置教学情境，开展议学活动。作为教师，应通过有效的教学方法，解决学生的这些疑惑，提高学生预防校园欺凌和违法犯罪的自觉性。首先，必须引导学生明晰犯罪的行为特征和构成要件，在此基础上厘清校园欺凌与犯罪之间的关系，让学生明白如何在行动上自觉预防校园欺凌，远离犯罪行为。

【教学设计】

依据《中等职业学校思想政治课程标准》（2020年版），结合中职生的认知能力和心理特点，本课采用议题式教学。围绕议题设计活动，选用贴近学生实际的生活案例，创设问题情境；引导学生在活动体验、合作探讨中学习；通过议题的辨析辩论，强化法治意识的价值引领。教学设计思路见表1。

表1　教学设计思路

环节	子议题	情境线	任务线	设计意图
案例导入	1. 罪与害	介绍欺凌案件，体会欺凌行为带来的严重危害。	了解案情，多角度认识 欺凌行为的危害性。	描述、感受和体验情感。
引思明理	2. 罪与刑	分析案件中欺凌者受到怎样的处罚，什么样的行为是犯罪行为？	了解犯罪的特征与刑罚的种类，理解违法与犯罪之间的关系。	层层递进的问题，激活学生思维，突出教学重点。
	3. 罪与龄	案件判决中，不同的年龄分别具有什么意义？是否应该降低未成年人的刑事责任年龄？	了解刑罚与年龄之间的关联，理解未成年人违法犯罪需要承担相应法律责任。	培养理性思维，厘清认识误区。
	4. 罪与因	分析案件中欺凌者蹇某是如何一步一步滑向犯罪深渊。	多角度了解未成年人犯罪的成因，明晰在成长中的“雷区”。	多维原因分析，呼应多角度预防化解未成年人犯罪。
感悟导行	5. 罪与防	遇到校园欺凌怎么办？如何预防未成年人犯罪？	了解校园欺凌的正确应对方式；构筑遵纪守法的防线。	从“为什么”到“怎么办”，落实知信行统一。

教学过程

【案例导入】

播放的案件视频。提出观看要求：从视频中获取哪些重要信息？提示学生可从“案件性质”“所犯罪名”“处罚”“危害”等几个方面去获取。

案件简介

浙江省温州市发生过一起未成年人欺凌案件。只因看不顺眼，十五岁的小娟（化名）就被扇耳光、用水淋、强迫下跪……，令人震惊的是，这些残忍的施暴行为是由一群未成年少女所为，施暴者中七名均是女生，其中五名是未满十八周岁的高中生，另外两人作案时刚满十八周岁。当地法院根据《中华人民共和国刑法》相关规定，作出判决：七人分别因强制侮辱妇女罪和非法拘禁罪，分别被判处不同程度的有期徒刑。其中，最重的被判处有期徒刑六年半，最轻的被判处有期徒刑九个月。

1. 罪与害——校园欺凌行为具有哪些严重社会危害性？

教师活动（设问）

此案中七名女生的行为产生了怎样的危害？

学生活动（讨论回答）

✧ 这七名女生受到法律的严惩，给她们的人生蒙上污点，会影响到她们未来的发展。

✧ 最可怜的还是被欺凌的小娟，不仅要承受身体上的创伤，心理也会留下阴影，如果得不到有效的疏导，人就被毁掉了。

✧ 以大欺小、以强凌弱、以多欺少、情节恶劣，对社会风气产生不良影响，也影响学校声誉和学生群体声誉，害人害己呀！……

教师活动（小结）

正因为校园欺凌有种种严重危害性，我们大家更应该自觉加强预防，远离校园欺凌，远离违法犯罪。

设计意图：基于真实生活情境，引入典型案例，让学生具有代入感，激发学生学习探讨的兴趣，形成良好的教学开端。引导学生分别从欺凌者、被欺凌者、社会等角度进行思考和探讨。让学生认识到案件中的校园欺凌行为已经具有严重社会危害性。

【引思明理】

2. 罪与刑——什么样的行为是犯罪行为？

教师活动（设问）

具有严重社会危害性的行为一定是犯罪行为吗？

学生活动（讨论）

肯定/否定，回答不一。

教师活动（点拨）

严重的社会危害性是犯罪的最本质特征，判断一个人的行为是否犯罪，首先要看他的行为是否具有严重的社会危害性。但具有严重社会危害性的行为一定是犯罪行为吗？教师展示《中华人民共和国刑法》相关条款：

> 法律明文规定为犯罪行为的，依照法律定罪处刑；法律没有明文规定为犯罪行为的，不得定罪处刑。
>
> ——《中华人民共和国刑法》第三条

学生活动（讨论回答）

犯罪行为具有严重的社会危害性，但具有严重社会危害性的行为不一定是犯罪行为，还必须是《中华人民共和国刑法》中明文规定的犯罪行为。

教师活动（小结）

《中华人民共和国刑法》第三条规定是我国刑法的一项基本原则，即"罪刑法定"原则。犯罪行为除了要具有严重社会危害性外，还必须具有刑事违法性，刑事违法性是犯罪行为的法律标志，只有当行为对社会的危害达到了触犯刑法的严重程度，这种行为才会被认定为犯罪行为。

教师活动（设问）

我们再回到案件中，七名女生触犯了哪部法律，哪项罪名？她们受到的是哪一种处罚？此种处罚具体还包括哪几类？

学生活动（讨论回答）

她们触犯的是刑法，罪名是强制侮辱妇女罪、非法拘禁罪，受到的是刑罚。

刑罚有主刑和附加刑两部分。主刑有：管制、拘役、有期徒刑、无期徒刑和死刑。附加刑有：罚金、剥夺政治权利和没收财产；此外，对于犯罪的外国人，还可以适用驱逐出境。

教师活动（设问）

七名女生的犯罪行为和一般违法行为有什么区别?

学生活动（讨论回答）

这些女生的行为违反刑事法律规范，应当受到刑罚处罚，属于犯罪行为。一般违法行为主要指违反民事法律规范和行政法律规范的行为，承担的是民事责任和行政处分或行政处罚。

教师活动（小结）

校园欺凌行为并不能一概都定性为犯罪，要看他是否具备构成犯罪的基本特征，即：严重社会危害性、刑事违法性和应受刑罚处罚性。三个基本特征相互联系、不可分割，共同构成区分罪与非罪的标准。但值得注意的是，虽然一般违法行为的情节、危害程度不及犯罪行为，但若不制止，必将陷入犯罪的深渊。

设计意图：通过层层递进的问题设置，激活学生思维，突出教学重点，引导学生全面理解犯罪行为的基本特征，掌握现实生活中判断犯罪行为的基本依据及刑罚的种类与分类依据，同时增强对校园欺凌犯罪的判断能力和是非观念。落实《中等职业学校思想政治课程标准》（2020年版）中“了解犯罪行为的特征，初步认知罪刑法定原则”的教学内容和要求。

3. 罪与龄——是否应该降低未成年人的刑事责任年龄？

案件透视一

温州市鹿城区人民法院审理此案后认为，被告人蹇某、徐某、娄某、陈某甲结伙以暴力、胁迫的方法聚众在公共场所侮辱妇女，蹇某、徐某、王某甲、王某乙、娄某、陈某甲、施某、潘某结伙非法拘禁并殴打他人。这些行为分别构成强制侮辱妇女罪、非法拘禁罪。鉴于部分被告人在犯罪时年龄已满十六周岁但未满十八周岁，且具备自首等情节，法院综合考虑他们各自在案件中所起的作用，分别判处被告人蹇某有期徒刑六年六个月，被告人徐某有期徒刑五年，被告人娄某有期徒刑四年，被告人陈某有期徒刑三年六个月，被告人施某、王某甲有期徒刑十个月，被告人潘某有期徒刑九个月，被告人王某乙有期徒刑八个月、缓刑一年。

教师活动（设问）

本案七名被告人中，七名女生中有二人年满十八周岁、四人十六至十八周岁、一人不满十六岁。你知道在我国刑法中，这几个年龄分别具有什么意义吗？

学生活动（讨论）

略

教师活动（展示）

《中华人民共和国刑法》关于“刑事责任年龄”的规定。

> 已满十六周岁的人犯罪，应当负刑事责任。
>
> 已满十四周岁不满十六周岁的人，犯故意杀人、故意伤害致人重伤或者死亡、强奸、抢劫、贩卖毒品、放火、爆炸、投放危险物质罪的，应当负刑事责任。
>
> 已满十二周岁不满十四周岁的人，犯故意杀人、故意伤害罪，致人死亡或者以特别残忍手段致人重伤造成严重残疾，情节恶劣，经最高人民检察院核准追诉的，应当负刑事责任。
>
> 对依照前三款规定追究刑事责任的不满十八周岁的人，应当从轻或者减轻处罚。
>
> ——《中华人民共和国刑法》第十七条

教师活动（展示）

2019年10月20日，十三岁大连男孩蔡某某将在同小区内居住的十岁女孩小淇（化名）杀害，并抛尸灌木丛。因蔡某某未达到法定刑事责任年龄，警方依法不予追究刑事责任，对其进行三年收容教养。此事引起了社会的广泛关注和热议。一时间，“降低刑事责任年龄”的呼声再次响起。

教师以“是否应该降低未成年人的刑事责任年龄？”为题，组织课堂小辩论。学生亮出观点并说明理由。

学生活动（辩论）

支持“应该降低未成年人刑事责任年龄”的同学列举的理由主要有：我国公民

在法律面前一律平等，任何违法行为都应该承担相应的法律责任，法律对全体社会成员具有普遍约束力，依法治国应当做到公正司法等。

支持“不应该降低未成年人刑事责任年龄”的同学列举的理由主要有：未成年人的生理、心理还不够成熟，辨别是非能力不强，应该对未成年人给予特殊保护；如果小小年纪就受到刑罚处罚，会影响未成年人将来的发展等。

教师活动（小结）

2020年12月26日，十三届全国人大常委会第二十四次会议表决通过的刑法修正案（十一），对法定最低刑事责任年龄下调至十二周岁。尽管《中华人民共和国刑法》规定公民达到一定年龄实施严重危害社会的行为才可能构成犯罪，但这并不意味着年龄小就能随意实施犯罪行为。而且未成年人不承担刑事责任并不意味着他同样不承担其他责任。对未成年人的危害行为可以追究其行政责任。

设计意图：对于“是否应该降低未成年人的刑事责任年龄？”的问题，采用辩论的方式，引导学生自主判断并运用所学知识进行论证说明，深化对相关法律知识的理解与灵活运用，培养学生的理性思维。有利于厘清“十二周岁以下可以为所欲为，不需要承担任何法律责任”的认识误区。

4. 罪与因——为何会滑入犯罪深渊？

案件透视二

本案中判刑最重的被告人蹇某，刚读初中时父母离异，她之后一直跟父亲居住，父亲心情不好时对她动辄拳脚相加。缺少关爱的她开始经常旷课、夜不归宿，时常进入营业性网吧、歌舞厅等场所。在这一过程中，她结交了一批“知心朋友”，他们建立了一个名为“伐木累”的微信群，平常觉得无聊或看哪个人不顺眼时，就在群里相约出去寻找目标，辱骂他人、打架斗殴、强行向他人索要钱物，后来更是经常在放学后与他人结伙在校门外拦截、殴打他们看不顺眼的同学，甚至多次盗窃……他们在这条错误的道路上越走越远，最终滑向了犯罪的深渊。

教师活动（发布任务）

结合案件中被告人蹇某的经历，画出她一步一步滑向犯罪深渊的轨迹图。

学生活动（展示）

略。

教师活动（设问）

案例中被告人蹇某滑向犯罪深渊前的系列行为表现，这些行为在《中华人民共和国预防未成年人犯罪法》中是如何被定性的？

学生活动（讨论回答）

旷课、夜不归宿，进入营业性网吧、歌舞厅等场所，辱骂他人、打架斗殴属于不良行为。强行向他人索要钱物，与他人结伙拦截、殴打同学，多次盗窃属于严重不良行为。

教师活动（设问）

蹇某滑向犯罪深渊的轨迹给我们青少年学生的健康成长带来哪些警示？

学生活动（讨论回答）

- ✧ 未成年人违法犯罪一般都是从不良行为开始的，我们要从小事做起，避免沾染不良习气。
- ✧ 不良行为可能发展为违法犯罪行为，严重不良行为已属违法行为，离犯罪行为仅有一步之遥。
- ✧ 未成年人的不良行为和严重不良行为，危害社会道德和法律的尊严，如果不加以控制和纠正，任其发展，就有可能导致未成年人滑向犯罪深渊！

教师活动（小结）

预防犯罪，需要杜绝不良行为。我们要从小事做起，避免沾染不良习气，自觉做到遵纪守法，防患于未然。

设计意图：引导学生在真实案件情境中识别不良行为与严重不良行为，明确是非界限，真切感受到未成年学生有了不良行为后，如果不及时加以纠正，发展下去很有可能走上违法犯罪的道路，从而让学生警觉生活中的“雷区”，构筑遵纪守法的内心防线，自觉预防违法犯罪。

【感悟导行】

5. 罪与防——如何预防未成年人犯罪？

教师活动（发布任务）

结合对未成年人犯罪原因的综合分析，请为“遇到校园欺凌怎么办？”“如何预防未成年人犯罪？”出谋划策。

学生活动（头脑风暴）

- ✧ 蹇某等人走上犯罪道路除了自身法治观念淡薄之外，与缺少家庭关爱、家长的教育方式简单粗暴、结交不良青年及社会上的不良风气有一定的关系。
- ✧ 当然首先要保护好自己，如果对方人多或者比较危险，可以用语言跟对方周旋，找准机会跑走，不能直接与对方硬拼。
- ✧ 还有一定要及时地跟老师、父母汇报，让他们想办法来保护自己，帮助自己摆脱困境。

教师活动（小结）

未成年人犯罪除了其自身原因外，也与家庭、学校、社会的影响密切相关，是未成年人自身、家庭、学校、社会各方面内外因素共同作用的结果。只有在加强未成年人教育引导的同时，凝聚全社会合力，共同营造良好的外部环境，才能真正预防和减少未成年人犯罪。

遇到校园欺凌，不能唯唯诺诺，或者选择沉默，要勇敢说“不”，如果你越害怕，施暴的人就越嚣张。同样，看到了别人被欺凌的现象，也要及时报告老师，这不仅是在帮助同学，也是在保护自己，不能助长欺凌者的气势。

设计意图：头脑风暴式的讨论，激发学生参与讨论的兴趣，从“为什么”到“怎么办”，有助于提升学生高阶思维，提高学生多角度思考解决问题的能力。对预防未成年人犯罪这一命题有更加深刻的认识。

教学反思

《中等职业学校思想政治课程标准》（2020年版）中明确提出：“基于学科核

心素养的目标要求，围绕议题设计活动进行教学，促进学生学习方式的转变。要创设生动直观而又富于启迪性的问题情境，激发学生的学习兴趣。”在教学实施中，先从分析学生现有的认知水平和存在的问题入手，明确核心素养培养目标和教学的重难点。选择典型真实的案件创设教学情境，开展议题式教学。本课一大亮点在于选用一案贯穿全课，围绕中心议题，分设“罪与害”“罪与刑”“罪与龄”“罪与因”“罪与防”五个前后接续的子议题，将案件情境与教学内容紧密联系；教学中，问题链层层推进，从“情感体验”到“是什么”“为什么”“怎么做”逻辑线索清晰，利于学生高阶思维的培养；同时，在议学活动中，注重通过对议题的辨析辩论，强化法治意识的价值引领。将法治素养的培育、法律知识的学习、学科核心素养的提升与思想方法、思维方式的掌握有机融为一体。

议题15

如何依法维护劳动者的合法权益？

学生的困惑

1. 我国有哪些维护劳动者权益的法律？
2. 劳动者享有哪些权利？劳动侵权行为会造成什么后果？还会引发什么问题？
3. 解决劳动争议有哪些方式？

教师的思考

【内容分析】

本课从两方面细化了课标的内容：劳动者的基本权利和义务；劳动者依法维权的各种方式。党的十九大报告指出，就业是最大的民生。要完善政府、工会、企业共同参与的协商协调机制，构建和谐劳动关系。学生能够明确权利、承担义务、依法维护劳动者合法权益、依法妥善处理劳动争议，是构建和谐劳动关系的重要组成部分。

【学情分析】

本课的讲授对象是中职学生，他们是未来的劳动者，还没有直接相关的生活经历，在课前的问卷调查中，有23%的学生对劳动法的相关法律知识完全不了解；有68%的学生对于自己作为劳动者享有的权利和应当履行的义务知道得比较少，维权意识不够强烈。所以，中职学生需要掌握作为劳动者最基本、最需要的法律知识，为今后顺利参加工作、依法维护劳动者合法权益奠定基础。

【目标分析】

通过对真实鲜活的案例的讨论分析，初步了解劳动者的权利和义务，掌握解决劳动争议的法定途径。增强自身的权利意识和法治意识，能够坚持做到权利与义务的统一，提高依法维护自己作为劳动者合法权益的能力。本课的教学重难点为掌握依法维护劳动者权益的途径和方式。现实生活中，劳动者的合法权益受到侵犯的事例很多，很多劳动者法律意识的淡漠、法律知识的缺乏又制约着劳动者依法保护个人合法权益的能力。而广大中职生作为未来的劳动者，依法维护个人合法权益能力直接影响着他们个人乃至家庭的切身利益。所以，掌握依法维护劳动者权益的途径和方式是本课的教学重难点。

【教学设计】

本课采用创设情景及案例教学法，总体设计思路是：学案导学—预习反馈—探究新知—模拟演练—总结提升—拓展巩固，实现信息技术背景下的整合性学习。本课在整体框架设计上，首先通过法院真实案件诉讼激发学生兴趣，引出教学课题，并设置悬疑，问而不答，唤起学生求知欲望。其次，通过此案的进一步探究，让学生明确职场中常见的侵权行为、法律责任；再次，通过选取与学生日后就业切身相关的案例剖析，让学生了解劳动者的基本权利和义务，能区别不同类型的违反劳动法的侵权行为。最后，通过对初始案例的深入剖析，让学生感受劳动者的维权之路，掌握解决劳动争议的法定途径，学会依法维权。教学设计思路见表1。

表1　教学设计思路

环节	子议题	情境线	任务线	设计意图
创设情境	1.这场诉讼谁能打赢？	案例：“一个苹果引发的诉讼”。如果你是法官，你会怎么判？	● 思考案例 ● 做出选择	以真实案例引起学生学习兴趣，启发学生思考后续发展。

（续表）

环节	子议题	情境线	任务线	设计意图
引思明理	2.劳动者享有哪些权利？	连连看：把图片和对应的侵权行为连线。 小张小王要维权，劳动者享有哪些权利？在现实生活中，有哪些常见的劳动侵权行为？这些侵权行为会造成什么后果？还会引发什么问题？	● 图文连线 ● 合作探究 ● 分享交流	通过练习，检验学生对“劳动者的基本权利”的掌握情况。
感悟导行	3. 解决劳动争议有哪些方式？	情景设置：小张、小王维权记。 小张、小王有哪些解决劳动争议的方式？	● 绘制维权路径图 ● 交流感想	在“引思明理”的基础上，促进知信行的统一，通过绘制维权路径图，学生可以直观了解解决劳动争议的途径、程序，依法维权。

教学过程

【案例导入】

“一个苹果引发的诉讼”

2017年9月，小张和小王进入某饭店工作，小张是迎宾，小王是总机接待。两人都与该饭店签订了固定期限为一年的劳动合同。

2018年2月12日凌晨2点，两人进入饭店厨房偷拿物品。饭店的管理层查看监控录像后进行调查，小张和小王随后书面承认进厨房各拿了一个苹果吃。饭店根据《员工手册》的规定，与两人解除劳动合同。

小张、小王认为，自己在当班期间因感饥饿，路经厨房时进去拿了两个苹果充饥，而苹果价值较低，只是“偷吃”，不构成“偷窃”。开除处罚过重。

小张、小王要求恢复劳动关系，并以税后月薪3500元标准支付小张、小王仲裁、诉讼期间的工资。

教师活动

课前，老师在学习平台给同学们发了一个思考案例：一个苹果引发的诉讼。这场诉讼小张、小王能打赢吗？

学生活动

学生及时做出选择：能或不能。

教师小结

让我们来看一下统计结果：认为原告能打赢的有5人，认为原告不能打赢的有11人，到底结果如何呢？我们先把这一次的统计结果保存起来。这场诉讼究竟谁是谁非，今天我们就要学习劳动法的相关法律法规，依法维护劳动者的合法权益。

设计意图：以能引起学生兴趣的案例，启发学生思考后续发展。

【引思明理】

一、劳动者的基本权利和义务

1. 劳动者的基本权利

教师设问

我国有哪些维护劳动者权益的法律？

学生回答

《中华人民共和国民法典》《中华人民共和国劳动法》……

教师小结

这些都是维护劳动者权益的重要法律，从不同方面规定了保护劳动者权益的具体内容。

教师设问

小张、小王在工作中遇到了一些烦恼。小张说：“我们饭店的工作量太大，我每天都得多干三四个小时才能完成任务，而且经常要我们节假日加班，但是又不给支付加班费。” 小张和小王因此要维权。劳动者享有哪些权利呢？

学生回答

平等就业和选择职业权、取得劳动报酬权、休息休假权。

……

教师小结

同学们的回答为小张、小王指点了迷津，知道了劳动者享有的权利。劳动法规定劳动者每日工作时间不超过八小时。饭店延长小张工作时间的，应安排小张同等时间补休或支付加班工资。

2. 常见的劳动侵权行为

教师活动

在现实生活中，有哪些常见的劳动侵权行为呢？这些侵权行为会造成什么后果？还会引发什么问题？

学生活动

把图片和对应的侵权行为连线，说明其造成的后果及危害。

教师小结

所以我们要坚持全面依法治国，切实保护劳动者的基本权利，使劳动者的获得感、幸福感、安全感更加充实、更有保障、更可持续。

3. 劳动者的基本义务

教师设问

除了享有权利，劳动者也要履行义务。本案中小张、小王偷吃苹果的行为违反了劳动者的什么义务？

学生回答

✧ 我认为小张小王的行为违反了劳动者的职业道德，毕竟偷东西是很不光彩的。

✧ 我认为他俩的行为违反了饭店的《员工手册》，没有遵守劳动纪律。

……

教师小结

同学们，权利和义务是统一的，我们在维权的同时，也要增强依法履行义务的意识。根据我国劳动法规定，劳动者的义务包括：完成劳动任务，提高职业技能，执行劳动安全卫生规程，遵守劳动纪律和职业道德等。

设计意图：通过情景练习，检验学生对“劳动者的基本权利和义务”的掌握情况。

【感悟导行】

二、解决劳动争议的基本方式

被开除后，小张准备跟饭店领导商量一下，协商不成则采取报复行动，准备把饭店的设施毁坏。小王则准备向法院提起诉讼，要求法院保护自己的合法权利。

教师活动

小张、小王的说法中包含了哪些解决劳动争议的方式？哪些是合法的、哪些是违法的？

学生活动

- ✧ 小张、小王的说法中有两种解决劳动争议的基本方式，一是打击报复，二是向法院提起诉讼，用法律来保护自己的权利。
- ✧ 我认为打击报复是要不得的，这是违法行为。
- ✧ 我认为应该采用合法的途径向法院提起诉讼，这才是正确的解决问题的方法。

……

教师小结

所以我们要学会依法维权。以违法的方式维权，不但不能解决问题，还会给自己造成新的、更大的危害。

教师活动

听了劝告，小张放弃了报复的打算，想和饭店和解，小王想走诉讼途径，他们该怎么办呢？我们要熟悉解决劳动争议的基本方式 。

学生活动

为小张、小王绘制维权路径图并上台讲解。

教师小结

劳动者要维权，一定要熟悉解决劳动争议的基本方式：协商、调解、仲裁和诉讼。这里也要提醒同学们注意维权的两个时间节点。

教师活动

小张、小王在与饭店协商不成的情况下，向上海市黄浦区劳动人事争议仲裁院申请仲裁；劳动人事争议仲裁委员会驳回了两人的请求，他们决定向黄浦区人民法院提起诉讼。小张、小王偷吃苹果的行为肯定是不对的，本案争议的焦点是这一行为性质是否严重到了开除的程度？原告认为这是恶意解除劳动合同，被告认为这是合法解除劳动合同，到底是恶意解除还是合法解除呢？支持原告的请选A，支持被告的请选B。

学生活动

学生及时做出选择。对比前一次选择结果，说明自己改变或者坚持原来观点的理由。

教师小结

法院经审理认为：饭店为保证食品卫生安全制定的规定是合理的，且与员工签订劳动合同时将员工手册作为合同附件向劳动者告知，原告小张、小王予以签收确认，可作为本案处理之依据。因此判决原告败诉。所以劳动合同不是随便签的，它是解决劳动争议的重要依据。

设计意图：通过情景设置，学生可以直观了解解决劳动争议的途径、程序，依法维权。

教师设问

通过本节课的学习，同学们有什么体会呢？

学生回答

结合本课案例的学习谈谈收获与心得。

教师小结

同学们今后都是新时代的劳动者，是构建和谐劳动关系不可或缺的一分子，更要学法、守法、用法，依法维护劳动者的合法权益。

设计意图：梳理本课内容，加深学生的印象，增强自身的权利意识和法治意识。

教学反思

本课以精选的真实案例，让学生在情景模拟中学会解决维护劳动者合法权益的一些常见问题。依托Hi-Teach智慧教学系统，运用即时器投票、PAD推送，高效便捷实现师生互动、生生互动。学生能100%参与课堂活动，在自主探究的学习过程中运用既得知识，在充分参与的过程中得出结果，提升能力。体现了信息技术与思政课程的深度融合，让教法更贴近学生，打造学生喜欢的课堂。在今后的教学中要更加充分地应用信息技术开展学生自主探究活动，进一步加强学生自主学习能力和合作学习能力的培养。

参考文献

[1] 中华人民共和国教育部．中等职业学校思想政治课程标准：2020 年版 [M]. 北京：高等教育出版社，2019.

[2] 李大钊．青春 [M]. 北京：北京联合出版公司，2021.

[3] 李虎．从电影《我不是药神》看法律与道德的冲突与协调 [J]. 法制博览，2021（13）：151–152.

[4] 刘俊荣，王君德．从手术签字审视医疗活动中道德与法律之冲突 [J]. 医学与哲学（人文社会医学版），2008（5）：38–40.

[5] 柳臻，张大凯．中等职业教育“学、探、做”教学模式的研究与实践 [J]. 中国职业技术教育，2015（11）：61–63.

[6] 孙全军．初中道德与法治课中法律教学的深度学习探略——“预防犯罪”教学设计与思考 [J]. 青少年法治教育，2019（6）：13–20.

[7] 央视网．黄文秀：“不获全胜，决不收兵”[EB/OL].（2019–10–24）[2023–05–26]. http://chuxin.people.cn/n1/2019/1024/c428144–31418818.html.

[8] 戴木才．雷锋精神的丰富内涵 [N]. 光明日报，2020–09–16（6）.

[9] 陈梦阳，李铮，高爽．做一颗永不生锈的螺丝钉——雷锋精神述评 [EB/OL]. (2021–08–16)[2023–05–26]. https://baijiahao.baidu.com/s?id=1708245329036763600&wfr=spider&for=pc.

[10] 中华人民共和国教育部．教育部关于印发《大中小学劳动教育指导纲要（试行）》的通知 [EB/OL].（2020–07–09）[2023–05–26]. http://www.moe.gov.cn/srcsite/A26/jcj_kcjcgh/202007/t20200715_472808.html.

[11] 平安．遛狗未拴绳咬伤人 谁的责？[EB/OL].（2021–06–25）[2023–04–30]. https://m.thepaper.cn/baijiahao_13302335.

[12] 黄薇．民法典的颁布实施是中国特色社会主义法律体系达到新高度的重要标志[J]. 中国人大，2022（14）：23-24.

[13] 郭敬丹．上海市安顺路 281 号，有这样一个可以畅所欲言的联络站……[EB/OL].（2022-03-09）[2023-03-26]. https://mp.weixin.qq.com/s/BvRWR0kD_Be8Yl6PghaH_w.

[14] 新华网．"葛优躺"引发肖像权诉讼 二审判决葛优胜诉[EB/OL].（2018-02-24）[2023-03-26]. https://baijiahao.baidu.com/s?id=1593267997257709845&wfr=spider&for=pc.

[15] 央视网．[中国新闻]温州：未成年人霸凌案宣判 7 少女获刑[EB/OL].（2016-12-18）[2024-03-15]. https://tv.cctv.com/2016/12/18/VIDEzMD5n9osCuFK6W5qeRTo161218.shtml.

后 记

《德润人心　法安天下——职业道德与法治情境教学课例集（中职）》的出版，既是编写团队“师者匠心”所积累的教学实践经验，也是团队“守正铸魂”，持续提升更多中职学生职业道德素质和法治素养的迫切需要。

本课例集的编写团队由五所中职学校的思政骨干教师组成，在上海市中职德育（思政）名师培育工作室主持人杨海慧导师的带领下，通过仔细研读相关文件、广泛开展调研访谈，在梳理问题及总结经验的基础上拟定了编写思路和课例框架；又经充分酝酿、反复研讨、精心打磨、修改完善……历时一年多才汇编成册。参与研讨、调研、撰写、咨询、审读、论证等工作的专家、领导、教师人数达数百人之多。

这本薄薄的课例集，虽然字数不多，却努力呈现“精雕细琢打造有效思政课堂”这一理念。这也是编写组精诚合作、精心提炼的成果结晶，各课例编写成员为：

课例1、2由冯志军编写，课例3、11由俞莉编写，课例4由李树娜编写，课例5、6由周伟编写，课例7、8由李洁编写，课例9、10由黄秀群编写，课例12、14由胡瑞平编写，课例13由宗玉琴编写，课例15由龚雪编写。全书由杨海慧导师进行整体设计，冯志军、周伟、胡瑞平、宗玉琴、俞莉进行修订并统稿。感谢全体编委的辛苦付出！

衷心地感谢张伟、关月梅、王有道、胡秀锦、袁晖江、郭顺清等专家及导师杨海慧在全书编制过程中给予的关心、指导和帮助！感谢上海商业会计学校、上海科技管理学校、上海市商贸旅游学校、上海闵行职业技术学院、上海电机学院附属科技学校（上海市临港科技学校）及校领导的支持！

由于理论与实践局限，本书难免存在诸多不足，恳请广大读者给予批评指正。

本书编写组

2024年6月